KB203119

김홍찬 저

천사의 측량 도구
성경속 숫자 비밀

한국상담심리연구원

김군의 마음, 숫자편

숫자의 비밀

1판 1쇄 인쇄일 2018년 7월 30일

지은이 김홍찬

발행인 김홍찬

펴낸곳 한국상담심리연구원

(www.kcounseling.com)

03767 서울시 서대문구 신촌로 215-2 전진빌딩3층

☎ 02)364-0413 FAX 02)362-6152

출판등록 제2-3041호(2000년 3월 20일)

값 12,000원

ISBN 97889-89-171256, 03230

숫자의 비밀

| 서문 |

가까운 친구와 지인들은 내게 요즘은 무슨 책을 쓰시는가? 하고 내게 묻는다. 나는 그들에게 요즘에는 숫자의 비밀을 연구한다고 대답하면, 그들의 반응은 이구동성으로 재미있겠다! 혹은 숫자 속에는 깊은 상징성이 있다! 고 하면서 호기심을 갖고 내게 격려해 주었다.

나는 '숫자의 비밀'을 내면서 속으로 탄식하였다. "아! 여태 성경속의 숫자의 깊이를 모르고 껍데기 지식을 가졌었구나!"

숫자 속에 이렇게 심오하고 엄청난 뜻이 담겨져 있다는 사실에 무척 놀랐다. 그리고 나의 제한된 지식만으로도 이 정도의 깊이인데, 그 나라에서는 실로 어마어마 하겠다 싶어서 나는 부끄러움에 더욱 위축되었다.

나는 숫자속의 비밀을 통해 하늘의 신성의 질서를 맛보게 되는 축복을 얻었다. 그래서 책 표지 뒷면에 숫자는 마치 누구도 접근하지 못했던 청정수와 같고, 천사들의 금갈대라고 말했는데 이 말이 진실된 말이다. 하늘나라는 수량이 아닌 질적인 깊이로만 이해할 수 있는 나라이며, 죄악으로 어두워진 인간이 알기에는 너무나 신령하고 순수하기 때문이다.

그러므로 자칫 내가 그 청정수를 혼탁하게 만들까 두려울 뿐이다. 다만 내가 부족하고 무지해서 오류가 있더라도 진리를 사모하는 순수한 의도를 보시고 지혜의 근본되신 주님께서 섭리로서 나를 도와줄 것이라고 믿는다.

나는 김군의 마음 시리즈 '동물, 식물, 광물, 인체, 부부, 질병, 감정편'을 마치고, 이제 숫자편을 내게 되었는데, 이 작업이 오늘날 교회를 위한 작은 노력이라고 여기고 성실하게 사명을 감당하고자 하는 마음으로 작업을 하였다. 왜 이렇게 일생의 목숨을 걸고 이 일에 몰두해야만 하는가? 그 이유는 앞으로의 기독 교회의 새희망은 교리의 발전 없이는 절대적으로 희망이 없음을 알기 때문이다. 이제는 각 교회는 프로그램이나 감정을 흥분시키는 것에서 탈피하여 새로운 동력을 갈구하고 있으며 사려깊은 사람들은 권능있는 천사의 나팔소리를 기다리고 있다. 내가 확신하는 해답은 엠마오 두 제자에게 말씀을 열어보여 주셨던 진리의 이해이다. 제자들은 그때서야 비로소 눈이 뜨여 진리를 제대로 알아보았다. 이제는 교회마다 진정 순수한 마음으로 진리대로 살고자 하는 이들이 자신을 각성하는 울부짖음이 터져나올 때가 되었다. 만일 그렇지 않고 이대로 가다가는 교회는 마치 혈루증 앓던 여인처럼 거대한 거인이 뇌출혈로 급작스럽게 쓰러져 스스로 자멸할 것이라고 여겨진다.

어쨌든 숫자의 비밀은 그런 면에서 새로운 개혁의 장을 열어준다. 나는 책을 내면서 한편 걱정스러운 것은 독자들이 진리를 배우고자 하는 순수한 의도 없이 지식만을 얻고자 한다면 이런 노력이 무슨 소용이 있는가 하는 부분이다. 지식은 종교와 밀접한 관계가 있어서 지식없이는 절대로 종교를 알 수가 없다. 일단 알아야 하지 않겠는가? 모르고서야 어찌 진리를 터득할 수 있겠는가? 그러나 지식은 진리의 길로 안내해주기는 하지만 지식 자체에 머무르면 진리와는 아무 상관이 없다. 지식으로 진리에 이를 수 있지만 그 다음에는 지식을 소화해서 삶속에 실천해야 하는 것이다. 실천하지 않은 신앙은 더 이상 신앙이 아니다. 그러므로 머리속에 저장된 메모리나 생각에 머무는 데서 빠져나와 온 몸으로 체득해야 한다. 한마디로 십자가를 져야 한다.

여기에 희망이 있다. 아브라함이 순종으로 의롭다 하심을 얻었다고 하지 않는가! 종교는 순종에서부터 시작된다. 그 곳에서 시작 단추가 눌려져야 구원이 열려짐을 모르는가!

혹 어떤 이는 이런 말을 한다. "인간이 어떻게 하나님의 말씀대로 살 수 있나요? 그러니까 주님이 십자가에 못박힌 것 아닌가요? 어떻게 모두 회개할 수 있어요? 주님의 은혜로 구원받는 것 아닌가요?"

나도 전에는 이런 말을 주장했고 또 그렇게 믿어왔다. 나도 어려서부터 이런 신앙으로 버텨왔지만 시간이 얼만큼 지난 후에 나의 신앙은 여기저기 구멍이 났고 심지어 영혼의 구멍이 나 있었다. 마치 아담이 범죄한 자신의 모습을 보고 부끄러웠던 것과 같다. 나에게는 더 이상 신앙의 진보를 이루지 못하고 신앙의 무의미에 빠지고 말았다. 내게는 은혜로 된다고 믿었기 때문에 성경도 삶도 그렇게 중요하지 않았고 단지 하나님께 자비를 구걸하면 된다고 생각하였다. 돌이켜 그렇게 그 많은 시간과 노력을 자비를 구하는 기도를 하면서 허사로 보낸 것이 돌이켜 보면 답답한 노릇이었다. 나는 과거의 나와 같은 이들에게 이렇게 말할 것이다. 사실 이 말은 현재도 내 자신에게 이르는 말이다. "당신 말대로 라면 더 이상 하나님의 말씀이 필요없겠군요. 하나님께서 인간에게 지키지도 못할 약속을 주셨나요. 오히려 죄책감만 안겨주려고 그렇게 간절하게 많은 말씀을 하셨나요? 주님께서 십자가에 못박혀 돌아가셨고 부활하셨으니 이제 당신은 무엇을 해야 한다고 생각하십니까? 당신의 그 말속에는 바르게 살고자 하는 의도는 저 멀리 던져 버렸군요. 주님께서 세상에 오셔서 하신 말씀 중에 '주여 주여 하는 자가 천국에 오는 것이 아니라 내 뜻대로 사는 자라야 천국에 들어온다는 말씀이나 어린아이같이 되지 않으면 절대로 천국에 못 들어온다는 말씀... 이런 말을 하자면 한도 끝도 없지만 모두 의미없는 말인가요? 그 분께서 반석위에 지은 집을 말씀하시면서 말씀대로 행하는 삶을 살아야 한다고 교훈하시지 않았나요. 야고보가 행함없는 믿음은 죽은 믿음이라고 한 말은 무엇인가요?"

이제 다시 처음으로 돌아가서 숫자가 이 시대에 왜 그렇게 중요한가? 그것은 숫자의 의미는 문자적 진리에서 한 단계 발전하여 영적 진리에 접어들게 하는 단초를 제공하기 때문이다. 처음의 말대로 숫자는 천사의 금갈대라고 했는데, 만일 천사가 이 시대 교역자로부터 평신도에 이르기까지 모두 영혼의 상태를 측량한다면 어떤 숫자가 등장할 것인가? 자신의 성품과 삶이 어느 정도인지 대충이라도 가늠할 수 있겠는가?...각 개인에 대한 천사의 측량이 끝나 심판이 시작되기 전에, 아브라함처럼 멸망으로부터 구원되기를 간절한 마음으로 탄원해야 하지 않겠는가?

장마가 진행되는가 싶더니 어느 새 찜통 더위가 작렬한다. 폭염 특보를 울렸다고 하니 무척 더운 날씨이다.

이 책을 적절하게 활용하도록 하기 위해서 단락이나 내용이 바뀌는 부분마다 ☞ 표시를 해두었다. 그 부분을 끊어서 내용에 따라 주제 토론을 한다면 도움이 될 것이다.

김홍찬(Ph.D)

목차

숫자의 나라를 여행하다!

나는 지금 마음의 세계에서 진리를 찾는 여행 중에 있다. 주님께서 내게 어느 한 분을 만나게 하셨다. 그는 순수하고 선한 성품을 지녔으며 영적 세계의 많은 지식을 갖고 있었다. 그는 고대 숫자속에 숨어 있는 비밀을 알고 있었으며, 내게 숫자속에 숨어있는 상징적 의미를 알려 주었다. 숫자는 사람들의 손이 닿지 않은 맑은 청정수와 같아서 그 속에는 깊고 심오한 뜻이 담겨져 있다. 그는 내게 고대시대에는 숫자를 통해서 사람의 성품과 수준을 측량했으며 성경은 고스란히 그 비밀을 간직하고 있다고 말해 주었다.

나는 하늘나라의 지혜를 얻고자 하여 성경에 등장하는 숫자의 세계를 여행하면서 미처 알지 못했던 비밀을 깨닫게 되었으며, 숫자의 의미를 통해서 나 자신이 거룩한 숫자가 새겨지기를 기도했다. 이제 나는 숫자를 통해 깊은 깨달음을 얻고자 한다.

1

나는 그에게 물었다. "숫자 일(1)은 무엇을 의미하나요?"

"숫자 1 은 조화와 통일을 의미합니다. 한 개의 세포가 모여서 몸을 형성하듯이 하나 하나는 전체 통일과 조화를 이룹니다. 하나의 개체는 존재할 수 없습니다. 그러나 하나 하나가 서로 연관을 맺고 통일을 이룰 때 전체가 됩니다. 신체를 보면 금방 이해를 할 수 있습니다. 신체는 각 기관이 통일이 되어서 하나의 몸을 형성합니다. 몸에는 감각, 두뇌, 심장, 폐, 간장, 비장, 췌장, 눈, 혀, 내장, 생식 기관이 있지만 사람 자신은 서로 어떻게 협력하고 움직이는지 모르고 살아갑니다. 몸 전체가 하나이기 때문입니다. 마찬가지로 많은 지체

중에서 어느 것 하나라도 기능을 못한다면 몸 전체의 균형을 이룰 수 없습니다. 얼굴, 가슴, 배, 허리, 다리 등 모든 조직이 유기적인 관계를 맺고 서로 도와주고 도움을 받을 때 한 사람이 됩니다."

"그렇군요. 부분의 통일로 전체를 이루는군요."

"네, 주님께서 이런 비유를 하셨습니다. 어떤 사람에게 양 백마리가 있었는데 그 중 한 마리가 길을 잃었다고 하자. 그 사람은 아흔 아홉 마리를 산에 그대로 둔 채 길 잃은 양을 찾아 나서지 않겠느냐고 말입니다. 주님의 이 비유는 그분의 사랑과 양떼의 통일성에 대한 아름다운 진리가 담겨 있습니다. 이 비유의 교훈은 전체가 하나가 될 때 행복해진다는 것입니다. 한마리가 울타리를 이탈해서 배회하면 나머지도 고통 받습니다. 죄인 하나가 회개함으로 천국에 기쁨이 있는 것처럼 죄인 하나가 회개치 않으면 그로 인해서 슬픔도 있다는 말입니다."

"이 비유가 개인에게 적용될 수 있나요?"

"이 비유에서 잃어버린 양은 속사람의 원리와 겉사람의 원리가 일치되지 못한 경우를 의미합니다. 즉, 천국의 원리가 하나되지 못하고 길을 잃어버린 것입니다. 그래서 목자는 아흔 아홉 마리를 남겨두고 잃어버린 한마리를 양우리에 합류시키기 위해 찾아 나섭니다. 이는 속사람과 겉사람이 하나가 되도록 하시는 주님의 배려입니다. 그 양을 찾게 되면 길을 잃지 않은 아흔 아홉 마리 양보다 오히려 그 한 마리 양 때문에 더 기뻐할 것이라고 했습니다."

"왜 울타리 안에 있는 양들보다 잃었다가 찾은 한 마리 양이 더 큰 기쁨을 주는 것일까요?"

"속사람은 겉사람과 연결이 될 때만 진정한 기쁨을 주어지기 때문입니다. 속사람이 겉사람과 분리되어 홀로 남게 되면 목자가 아흔 아홉 마리를 광야에 남겨둔 것과 같습니다. 그러므로 목자가 잃은 양을 찾아 어깨에 메고 되돌아와 잃어버린 양을 양우리에 합류하기 전까지는 천국의 기쁨이 없습니다. 그래서 주님은 이와 같이 하늘에 계신 너희의 아버지께서는 이 작은 것 중 하나라도 멸하는 것을 원하시지 않는다고 말씀하셨습니다."

"주님은 하나를 그렇게 소중하게 보시는군요."

"그렇습니다. 주님께서 하나가 되도록 기도하셨습니다. 아버지! 이 사람들이 모두 하나가 되게 하여 주십시오. 아버지께서 내 안에 계시고 내가 아버지 안에 있는 것과 같이 이들도 우리 안에 있게 하여 주십시오. 그러면 아버지께서 나를 보내셨다는 것을 세상이 믿게 될 것입니다(요17:21). 주님께서 아버지와 하나이듯이 제자들도 하나되기를 기도하십니다. 주님께서는 인간들이 조화롭게 되기를 원하십니다."

"제자들 간에 서로 조화를 이루지 못하고 다툰 적이 있었던 것으로 압니다."

"주님은 제자들의 말다툼을 가라 앉히시고 그들이 하나 되라고 가르치셨습니다. 주님의 기도 제목은 서로 하나됨입니다. 제자들이 하나 되기 위해서는 먼저 주님과 하나가 되어야만 합니다."

"주님과 하나됨을 어떻게 알 수 있나요?"

"주님은 너희가 서로 사랑하면 모든 사람들은 너희가 내 제자라는 것을 알 것이라고 말씀하셨습니다. 그 말은 제자들이 하나되면 세상이 주님의 제자임을 알게 됩니다. 제자들의 하나됨은 예수께서 하나님으로부터 보내졌다는 증거가 되기도 합니다. 주님은 이어서 이렇게 기도하십니다. 아버지께서 내게 주신 영광을 나도 그들에게 주었습니다. 그것은 아버지와 내가 하나인 것처럼 이 사람들도 하나가 되게 하려는 것입니다."

"아버지께서 주신 영광은 무엇을 의미하나요?"

"아버지께서 주신 영광은 신성한 진리입니다. 진리를 두고 아버지께서 주신 영광이라고 부르는 이유는 진리가 사람의 마음속에 들어와 거듭나게 하기 때문입니다. 그러기에 진리를 하나님의 영광이라 불립니다. 그것은 하늘의 신성이 인성에게 준 영광이고 주님의 인성이 인간에게 준 영광입니다. 이는 주님 안에 신성과 인성의 통일이고 인간과 하나님의 하나됨의 근원이 됩니다. 또한 인간과 인간사이의 조화와 통일성을 가져다 줍니다."

"진리로 인해 사람이 영광되는군요."

"네, 진리는 마치 광택처럼 영광스럽게 빛이 납니다. 진리가 광택이 나는 이유는 진리가 선에서 비롯되었기 때문입니다. 주님께서 아버지여! 라고 기도하시는데, 아버지는 선을 의미하고 아들은 진리를 의미합니다. 아버지께서 아들에게 준 영광은 신성한 선이 진리에게 준 영광입니다. 주님께서는 인간을 거듭나게 할 때 이 영광을 주십니다. 그러므로 거듭나는 자의 영광은 그분의 형상이 나타난 결과입니다."

"이 무리들이 하나이다. 그들은 모두 한 입술을 가지고 있다는 말씀은 무슨 의미인가요(창11:6)."

"하나의 교리를 가졌음을 의미합니다. 이 말은 공동의 목적을 가지고 사회와 교회에 주님의 나라가 임할 때의 모습입니다. 온 땅이 한 입술로부터 있었다고 했는데, 일반적으로 한 개의 교리가 있음을 의미합니다."

"어떻게 그렇게 하나의 교리만 가질 수 있었나요?"

"예컨대, 어떤 꽃이 있다고 합시다. 그 꽃들의 색깔과 모양이 다양합니다. 그러나 한 종류입니다. 또 인간의 몸도 마찬가지입니다. 몸의 내부에는 위, 내장, 심장 등이 제각기 다르게 활동합니다. 그러나 그것은 하나의 조화와 통일성을 가지고 있습니다. 그 전체는 하나입니다. 몸 전체는 하나의 정신에 의해 명령대로 움직입니다. 몸의 동작과 힘은 다르지만 심장과 폐의 운동에 의해 하나를 이룹니다. 천국을 비유로 말씀드리겠습니다. 천국에는 수를 헤아릴 수 없이 많은 사람들이 있지만 하나가 되어 움직이는 것은 천국은 주님으로부터 생명이 들어오기 때문입니다. 각 사람들의 특성이 다르고 관심이 다르지만 주님 사랑의 계명에 순종하여 통일된 전체의 모습을 이루는 것입니다.”

“그런데 그 하나의 교리가 타락하게 되었다는 말인가요? 주님의 교리가 아니라 다른 교리가 생겼다는 말인가요?”

“과거 교회는 하나의 목적과 교리를 가지고 있었습니다. 아무리 널리 퍼진다고 할지라도 일반적으로 하나의 교리였습니다. 그러나 지금은 달라지기 시작했습니다. 그래서 그들의 입술이 혼잡스럽게 되었다고 했습니다. 즉, 그들의 언어가 혼잡하게 되었습니다. 혼잡하게 되었음은 어느 누구도 진리를 가지고 있지 않음을 의미합니다. 순수가 사라져 진리가 진리되지 못했음을 말합니다. 즉, 순수가 사라지자 그들은 동료의 언어를 듣지 못하게 되었습니다. 그 이유는 그들이 자아 사랑의 사상을 갖게 되었기 때문입니다.”

“아! 그렇군요. 오늘날에도 자기 나름대로의 입술을 가지고 떠드는 자들이 넘쳐 납니다. SNS 에 글을 올리면서 쓰레기 같은 자기 교리를 전달하고 있습니다.”

“입술은 교리를 의미합니다. 선지자 이사야는 고백하기를 화로다! 나여 망하게 되었도다! 나는 더러운 입술을 지녔으며 불결한 입술을 지닌 백성들 한 가운데에 거주하였는데 나의 눈이 만군의 여호와, 왕을 뵈었도다 하고 한탄하였습니다. 그 때 스랍들 중의 하나가 날아와서 그의 입을 만지면서 말했습니다. 보라, 이것이 네 입술에 접촉되었다. 너의 불법은 거두어졌다. 네 죄는 속죄되었다고 했습니다(사6:3, 5-7). 선지자의 입술에 숯불이 닿자 불법은 거두어지고 그의 죄가 용서되었습니다."

"그렇군요. 그 말은 우리가 믿는 교리가 잘못되면 속죄함을 얻기 어렵다는 말씀으로 들리는군요."

"여호와께서는 입술의 숨을 가지고 사악한 자를 죽이실 것이라고 했습니다(사11:4). 입술의 숨은 교리입니다, 악한 자가 지닌 교리는 거짓입니다. 주님의 교리로 악한 자의 교리를 없앤다는 말입니다. 또 이런 말씀이 있습니다. '입술의 증가를 창조한다. 멀리 있는 자에게, 가까이 있는 자에게 평화, 평화가 있다. 여호와께서 말씀하신다. 그를 치료할 것이다(사57:19)' 입술의 증가도 역시 교리를 의미합니다. 스바냐서에서는 깨끗한 입술을 가진 백성에게 돌아설 것이다. 그리하여 그들 모두는 한 어깨를 가지고 나를 섬기며, 여호와의 이름을 부를 것이라고 했습니다(습3:9). 깨끗한 입술은 교리를 의미합니다. 다윗은 골수와 기름진 것을 먹음과 같이 나의 영혼이 만족할 것이라 나의 입이 기쁜 입술로 주를 찬양할 것이라고 했습니다(시63:5)."

나는 오늘날 진리를 얻지 못하는 이유는 마음이 자기 사랑의 사상이 가득하기 때문에 순수한 마음이 없기 때문에 교리가 하나되지 못하고 흩어졌다는 사실을 알게 되었다. 나는 그에게 연속해서 질문하였다.

☞ "주님께서 인간 세상에 내려와 처녀 마리아의 몸에서 탄생하셨는데, 주님의 강림은 사람과 하나됨인가요?"

"주님의 강림은 거룩한 진리가 인간의 형체의 옷을 입은 사건입니다. 이를 두고 주님의 인성이라고 말합니다. 천국이 천국이 될 수 있는 것은 그분의 진리가 있기 때문입니다. 죄를 짓기 전 아담의 모습은 천사 같은 상태였습니다. 그런데 죄가 들어와 아름다운 형체를 훼손시켰습니다. 다시 말해 인간의 관념이 왜곡되어졌습니다. 그래서 인간을 구원하기 위해서는 한 가지 방법 외에는 인간을 회복시킬 수 없게 되었습니다. 그것은 인간의 마음에 신성을 공급하는 것입니다. 주님은 인간 본성을 거룩하게 만드심으로 그분의 신성과 하나 되게 끌어 올리시어 구원해주시고자 하셨습니다. 그 일을 위해 그 분 자신이 직접 내려오셨습니다. 그리하여 구원의 힘이 인간에게 미치게 되었습니다."

"결국 천국이 인간에게 내려왔군요. 어떻게 죄악된 인간 본성이 거룩한 신성과 하나될 수 있다는 말입니까?"

"그 방법으로는 인간이 주님의 인성을 통해서 그 나라에 이르는 것입니다. 주님께서 그 길을 만들어 놓으셨습니다. 즉, 진리의 길입니다. 그 나라는 어느 누구도 다가갈 수 없는 주님의 진리로 이루어져 있습니다. 처녀 마리아의 몸에서 예수의 탄생과 부활은 여호와로 말미암아 되었습니다. 여호와는 생명 자체이십니다. 그리하여 신성이 인간 본질이 되셨고 인간 본질이 신성과 하나된 것입니다. 분명한 것은 주님은 시험을 극복하셨고 악마와 맞서 싸우심으로 인성을 신성으로 영화하셨습니다."

서로 나누기

☞ **배운 것을 삶에 적용할 수 있도록 서로 나눠봅시다.**

●숫자 1은 무엇을 의미하는가?

●양 일백마리와 길을 잃은 한마리 양의 관계를 설명하라.

●제자들이 하나되기 위해서 선행되어야 할 것은 무엇인가?

●하나의 입술은 무엇이 하나되었다는 의미인가?

●주님이 세상에 오셔서 사람의 형체를 입으신 것은 주님의 무엇과 무엇이 하나됨인가?

●생각해 보기●

우리가 사랑과 지혜 그리고 선용을 가지고 주님과 하나 되고자 할 때, 그 분의 잔치에 참석하는 셈이 됩니다. 초대 받는 만찬은 상대방과 유대 관계를 돈독하게 합니다. 우리가 주님의 계명에 순종하는 것은 그 분을 친구로서 사랑한다는 표시입니다. 주님은 "내 계명을 지키는 자는 나를 사랑하는 자이다." 그리고 "만일 내가 너희에게 명령한 모든 것을 지킨다면, 너희는 곧 나의 친구이다" 고 말씀하셨습니다.

주님은 우리와 하나 되는데 필요한 모든 것을 준비해 두셨습니다. 즉, 우리에게 진리를 주시고, 그 진리를 사랑하는 만큼 사랑을 채워 주십니다.

2

"숫자 둘(2)은 무엇을 의미하나요?"

"숫자 2 는 연합 또는 선을 의미합니다. 숫자 2 가 긍정적으로는 선이지만 부정적인 의미로는 악을 의미합니다."

"노아가 육백 세 되던 해 둘째 달 곧 그 달 열이렛날이라 그날에 큰 깊음의 샘들이 터지며 하늘의 창문들이 열려 사십 주야를 비가 땅에 쏟아졌더라고 했습니다(창7:11-12)."

"육백 세 되던 해, 둘째 달 십칠 일은 시험의 상태를 의미합니다. 홍수의 시험을 의미합니다. 노아의 나이와 날과 달은 숫자를 통해서 의미를 전달하는 고대의 표현 방식입니다."

"아! 숫자로 의미를 전달했군요."

"그렇습니다. 육백 년은 시험의 상태를 의미하고 둘째 달은 전투를 의미합니다. 숫자 2는 6과 연결된 의미 즉, 전투와 수고를 의미합니다. 17은 10과 7로 구성되었습니다. 숫자 17은 시험의 시작과 끝을 의미합니다. 숫자 7은 시험의 시작을 의미하기도 합니다. 그 예로 지금부터 칠일이면 사십주야에 비가 내린다고 하였습니다(창7:4)."

☞ "너희 중의 두 사람이 이 세상에서 마음을 모아 구하면 하늘에 계신 내 아버지께서는 무슨 일이든 다 들어주실 것이다. 두세 사람이 내 이름으로 모인 곳에는 나도 그들 중에 있다고 했습니다(마18:19-20)."

"물량적인 두 세 사람이 모인다고 주님이 함께 계신다는 것이 아닙니다. 한 사람이라고 주님이 함께 계시지 않겠습니까? 만일 일백 명이 주님을 십자가 못박고 있다면 어떻겠습니까? 그러므로 숫자 둘, 셋은 물량을 말하는 게 아닙니다. 숫자 2는 연합을 의미합니다. 연합은 사랑 또는 선으로 결과됩니다. 숫자 둘은 선에 관한 품질을 의미하고 숫자 셋은 충만 혹은 완전을 의미합니다. 숫자 3은 세 본질 즉 사랑, 지혜, 선용 또는 영혼, 몸, 행동이 완전을 이루는 숫자입니다. 주님의 속성 중에 성부, 성자, 성령이 하나를 이루어서 그분의 형상과 모양으로 창조된 인간 안에 존재합니다. 자연 세계에서도 세겹 배열은 영원한 질서의 법칙입니다. 다시 말해서 숫자 둘은 선의 측면에서 사물의 품질을 말하고, 숫자 셋은 진리 측면에서 사물의 품질을 의미합니다. 따라서 숫자 둘의 의미는 연합과 선에 관한 품질을 말합니다. 본 구절의 의미는 이렇게 말할 수 있습니다. 만일 인간이 선을 바라고 하나된 마음으로 주님께 기도한다면 그것을 얻게 될 것이라고 말입니다. 그러면 하늘에 계신 아버지께서 선한 원리로써 우리를 위해 확실히 행하십니다."

"주님께서 이런 말씀도 하셨습니다. 내 이름으로 두 세 사람이 모인 곳에 나도 그들 가운데 있다."

"둘이 모인다는 것은 선이 합쳐지는 것이고, 셋은 진리가 어우러져 행동으로 결실을 맺는 상태를 의미합니다. 내 이름이라고 했는데, 이름은 그분의 품질을 의미합니다. 주님의 품질로부터 사람의 품질이 조성된다면 주님은 모든 신성으로 충만하게 해주신다는 말씀입니다. 인간은 그분과 어우러져 선과 진리의 연합이 있게 됩니다."

"주님 앞에 서 있는 두 올리브 나무와 두 촛대는 무엇을 의미하나요?"

"태양의 빛이 대기를 통해 들어와 동식물이 존재합니다. 주님의 진리가 사람들에게 비춰져 사람들이 어둠을 이기고 영혼이 살게 됩니다. 중요한 것은 주님의 빛을 받을 수 있는 선지자가 필요합니다. 그 중에는 모세, 세례 요한, 요한 등이 있습니다. 두 올리브 나무와 두 촛대는 말씀의 원리를 의미합니다. 그 원리는 주님으로부터 진행되는 원리이고 주님과 주님의 나라에 관해 증언합니다. 예언자 스가랴는 금으로 만든 등잔대가 보이고... 올리브나무 두 그루가 등잔대 오른쪽과 왼쪽에 하나씩 서 있는 환상을 보았습니다. 스가랴와 말을 하던 천사가 이 환상에 대해 설명하기를, 이것은 여호와께서 스룹바벨이 할 일을 말씀하신 것이다. 그것은 권세나 힘으로 될 일이 아니라 주님의 영을 받아야 될 일이다."

"올리브 나무 두 그루?"

"네, 올리브나무 두 그루는 기름 부어 성별한 두 사람을 뜻합니다. 예언자에게 이런 환상이 주어지던 그 때, 스룹바벨은 바빌론에서 귀향하여 유대인의 우두머리가 되어서 예루살렘성과 성전을 재건하고 있던 때였습니다. 이 환상은 스룹

바벨에게 주님께서 이 거룩한 사업을 지원하고 보호한다는 것을 보여주시려고 의도되었습니다."

"주님의 영을 받아야 한다는 말이 무슨 뜻인가요?"

"주님의 영은 사랑과 지혜의 영입니다. 주님의 사랑은 마음을 따뜻하게 하고 지혜는 이해를 계발시킵니다. 기름을 지닌 올리브 나무와 불을 가진 촛대는 사랑과 지혜를 상징합니다. 본래 기름은 왕이나 제사장을 세울 때 사용하였습니다. 올리브기름은 사랑의 원리를 상징합니다. 또한 기름은 세상에 오시는 주님을 상징합니다. 고로 주님을 두고 메시야, 기름부은 자, 거룩하신 분이라고 합니다. 신약성서의 예수가 구약의 여호와 라는 것은 기독교 신앙의 첫째가는 큰 진리입니다. 이것은 주님에 관한 말씀의 증언입니다."

"또 다른 증언이 있나요?"

"둘째는 인간에 관한 증언입니다. 즉 네가 생명의 나라로 들어가려거든 계명을 지키라는 말씀입니다. 하나님의 대강령은 하나님을 사랑하고 인간을 사랑하는 것입니다. 주님 사랑 없이 주님께 대한 믿음이 없고 이웃 사랑 없이 계명에 순종하는 것도 없습니다. 이는 기독교의 본질입니다. 오늘날 어떤 이들은 주님께서 이미 십자가를 지셨고 다 이루었으니 자신은 십자가에 올라타면 된다고 말합니다. 그들은 주장하기를 과거, 현재, 미래의 죄를 주님께서 다 청산하셨다고 합니다. 즉, 무임 승차해도 된다고 말합니다. 또한 그들은 인간의 행위는 필요 없다고 주장합니다. 그런 이들에게 삶을 바르게 살아야 한다고 말하면 행위를 주장한다고 따져 묻습니다. 기독교는 행위 구원이 아니라고 참으로 어이없는 말을 합니다. 그들이 그런 식으로 말해서 주님의 공로를 높이는 것처럼 보이지만 구원에 이르는 믿음은 아닙니다. 성경에는 너희 구원을 이루라고 하였으며, 바울도 선악간에 반드시 심판을 받는다고 말했습니다. 영국의 감리교회 창시자 요한 웨슬레는 점진적 구원을 말했습니다.이런 믿음의 오류가 득세하는 세상에서 두 올리브 나무와 두 촛대는 주님 사랑과 이웃 사랑을 의미합니다. 두 증인은 두 개의 큰 계명, 하나님 사랑과 이웃 사랑이라는 종교의 두 원리입니다. 이 원리가 무시된다면 무엇을 두고 진리라고 말할 수 있겠습니까?”

서로 나누기

☞ **배운 것을 삶에 적용할 수 있도록 서로 나눠봅시다.**

●숫자 2 는 무엇을 의미하는가?

●두세 사람이 모인 곳에 주님이 함께 하시겠다는 의미는 무엇을 말합니까?

●두 올리브 나무와 두 촛대는 무엇을 의미하나요?

●우리가 그 나라에 들어가려면 어떤 믿음을 가져야 합니까?

●생각해 보기●

주님의 뜻을 알고자 하거나 주님의 명령을 실천하고자 하는 자는 종교적인 원리에 의해 살아갑니다. 천국은 진리를 아는 정도로 들어가는 것이 아니라, 진리를 이해하고 실천함으로 들어갑니다. 반석 위에 집을 지은 사람과 모래 위에 집을 지은 사람의 차이가 지금 내가 한 말을 듣고 그대로 실행한 사람인지 아니었는지의 차이이기 때문입니다. 반석 위에 집을 지은 사람과 모래 위에 집을 지은 사람은 둘 다 듣고 이해는 했지만, 반석 위에 집을 지은 사람은 주님의 말씀을 삶에 응용해서 시험과 악에 대해 흔들리지 않았고, 모래 위에 집을 지은 사람은 말씀을 지적으로는 이해했으나 실천이 없었습니다. 그 결과 시험이라는 폭풍이 닥쳐 여지없이 무너져서 영적 죽음에 이르게 됩니다.

3

“숫자 3 은 무엇을 의미하나요?.”

“숫자 3 은 완성을 의미합니다. 주님은 베드로에게 요한의 아들 시몬아 너는 이들 보다 더 나를 사랑하느냐는 질문을 반복해서 세번 하셨습니다. 그리고 주님은 세 번 그분의 양을 먹이고 보호하도록 임무를 주셨습니다. 첫번 째는 먹을 것을 주라는 것이고 나머지는 돌보라는 것입니다. 베드로가 세 번 질문 받은 것은 교회의 시작부터 마지막까지 완전한 기간을 의미합니다. 그 이유는 셋이란 숫자는 완성, 충만을 의미하기 때문입니다. 베드로가 질문 받은 세 번째는 교회의 끝을 의미하는데, 베드로는 주님께서 세 번씩 '네가 나를 사랑하느냐' 고 물으시는 바람에 슬퍼졌다고 하였습니다. 세 번이란 단어가 교회의 시작부터 끝까지 모든 시기를 의미하듯이 슬퍼졌다는 말은 교회의 하강 상태를 의미 합니다."

"주님께서 질문하신 각각의 의미가 무엇이지요?"

"주님은 먼저 그분의 어린 양에 먹을 것을 주라고 하셨습니다. 주님께서 말씀하신 어린 양(lamb)은 순수 선 가운데 있는 이들을 의미합니다. 두번 째 양(sheep)은 이웃 사랑 가운데 있는 이들을 말하고 세번 째 양은 믿음 가운데 있는 자들입니다. 주님께서는 그 분의 백성에게 순수 선, 이웃 사랑, 믿음의 자양분을 공급해 주셔서 그분의 양떼가 잘 성장하도록 열망하신다는 말씀입니다."

"어떤 분들은 주님께서 베드로에게 세 번 질문하신 것은 베드로가 세 번 주님을 부인했기 때문이라고 하던데요?"

"하하! 우연의 일치일 뿐입니다. 주님께서는 과거의 죄과를 들추어 내시는 분이 아니십니다. 베드로의 세 번 부인한 사건은 주님을 완전하게 부인한 사건입니다. 그러나 사랑하느냐는 질문은 새로운 처방입니다. 주님께서 완전하게 인정되신 말씀입니다. 다시 말해서 옛사람에 의해 부인되고 새사람에 의해 인정된 것입니다."

나는 순간 지난 날의 나의 모습이 주님을 부인하지 않았나 하는 의구심과 함께 죄책감이 몰려왔다. 지금의 나의 모습과 이전의 나의 모습은 하늘의 땅의 차이 만큼이나 다르다. 이전에 내가 아는 진리는 설교를 통해서 배웠거나 말씀을 읽어서 아는 정도였다. 나는 종교적 열심은 있었으나 더 깊은 세계로 나가지 못했다. 그리고 진리의 몽학 선생같은 상담심리학에 호기심을 가지고 내 혀를 적셨다. 상담학은 내게 내면을 들여다 보는 지평을 열어 주었지만 진리를 얻기에는 무력하였다. 그것도 갈급한 내게는 감지덕지 하였지만 언제나 갈증에 시달렸다. 나는 늘 '이후에는 무엇을 찾지?' 하는 생각을 주로 하였다. 그래서 나는 혹시나 하는 생각에 평소 존경하는 이순신 장군의 백의 종군로를 몇일 간에 거쳐 걸어가면서 그가 고통 중에서 얻었던 해답을 얻고 싶었다. 그는 종류는 다르지만 나와 같은 고통을 겪었을 것이라고 여겨졌다. 그러나 그것은 나에게 약간의 위로가 되었지만 영적 정신적 허기는 채워주지 못했다. 그러던 중 주님께서 내게 영적 진리를 알 수 있는 기회를 주셨다. 영적 진리를 발견한 후에 마치 갈한 땅이 물을 흡수하듯 나의 목마른 심정은 진리의 생수를 마시는데 몰두하게 되었다. 바울이 말한대로 진리의 고상함을 위해서 다른 모든 것을 배설물로 여겼다는 그의 고백을 깊이 느끼게 되었다. 영적 진리를 배우면서 '김군의 마음'이라는 시리즈 동물, 식물, 광물, 질병, 인체, 부부, 감정편을 내게 되었다.

나는 그에게 물었다. "예수께서 열 두 제자를 불러 이렇게 말씀하셨습니다. '우리는 지금 예루살렘으로 올라가고 있는데, 거기에서 인자는 대제사장과 율법학자들의 손에 넘어가 사형 선고를 받을 것이고 이방인들의 손에 넘어가 조롱과 채찍질을 당하며 십자가에 달려 죽었다가 사흘만에 다시 살아나게 될 것이다' 무슨 의미인가요?"

"그분이 셋째 날에 부활하심은 주님의 인성이 완전 영화롭게 되었음을 의미합니다. 주님은 그분이 받는 수난을 제자들에게 말씀하셨습니다. 이 말씀의 영적 의미는 이렇습니다. 예루살렘은 교회를 의미합니다. 하지만 당시 교회는 거짓과 악만 남았습니다. 교회 안에 있는 진리는 변질되었고 선은 파괴되었습니다. 인자는 신성한 진리를 말합니다. 대제사장은 선을 변질시킴을 말하고 율법학자는 진리의 왜곡을 의

미합니다. 이방인들은 교회를 파괴하는 악을 의미합니다. 대
그러므로 제사장과 율법학자가 주님을 정죄하고 이방인에게
넘김은 선과 진리를 악과 거짓에 넘기는 것을 의미합니다.
주님께서 조롱과 채찍질, 십자가형을 당하는데 이는 모독,
왜곡, 진리의 변질 등을 의미합니다."

"이방인은 무엇을 의미하나요?"

"언급된 이방인들은 로마인입니다. 유대인들은 주님을 로
마인들에게 넘겼습니다. 그러니까 제사장과 율법학자들은
내적인 악과 거짓을 의미하고, 반면에 이방인은 외적인 악을
뜻합니다. 주님은 유대인에 의해 이방인에게 넘겨졌습니다.
그래서 주님은 그들이 조롱하고 채찍질하고 십자가에 처형
할 것이라고 말씀하시는 것입니다. 조롱은 악에 관계되고 채
찍질은 거짓에 관계되고 십자가형은 악과 거짓의 행동에 관
계됩니다. 그러나 그럼에도 불구하고 그분께서는 3일 만에
다시 일어나신다는 것입니다. 삼일 만에 라는 말의 뜻은 '완
전하게' 라는 의미입니다. 그러나 아무리 세상이 그분께 대
하여 적대적으로 행동할지라도 주님께서 세상을 구속하시고
그분의 인성을 영화하시는 일은 멈출 수가 없습니다."

"아브라함이 아들 이삭과 함께 모리아산에 갈 때, 삼일에 눈을 들어 그곳을 멀리 바라보았다고 했습니다. 무슨 의미인가요(창22:4)."

"셋째 날은 완성이라는 의미입니다. 즉, 신성의 시작을 의미합니다. 아브라함이 눈을 들고 멀리 바라보았다고 했는데, 신성의 눈으로 바라봄입니다. 그러므로 셋째 날은 상태의 마지막인 동시에 그 뒤를 잇는 상태의 시작을 말합니다. 주님께서 모든 것을 성취하시고 셋째 날에 부활하셨습니다."

"모세의 어머니가 아들을 죽이라는 바로의 명령을 피해서 모세를 석 달 동안 숨겼다는 말은?"

"눈에 보이지 않는 시간이 다 찼음을 의미합니다. 그런 의미에서 3 은 처음부터 끝까지의 기간을 의미합니다(출2:2)."

"궁금한 것 중의 하나가 삼위일체라는 교리입니다. 그것에 대해 설명해 주세요."

"많은 분들이 삼위일체라는 교리에 혼란스러워 합니다. 그 부분을 설명해 드리겠습니다. 성경에는 삼위에 관한 교리가 있습니다. 이는 신성의 단일성을 강조하는 말입니다. 우선 하나님은 절대적인 분이십니다. 하나님의 속성 안에는 신성한 본질이 있는데, 사랑, 지혜, 권능입니다. 사랑, 지혜, 권능은 하나를 형성합니다. 이들은 서로 혼동되지 않고 나뉘어질 수 없습니다. 본질적으로 하나로 구성됩니다. 일체를 이룹니다. 아버지, 아들, 성령은 하나를 이루어 그분의 형상과 모양으로 창조된 인간과 말씀 안에 존재합니다. 우주 안에 존재하는 모든 것에는 세겹 배열이 있습니다. 예컨대, 사람의 경우에는 의지, 이해, 행동이고 식물의 경우, 껍질, 속살, 씨가 들어 있습니다. 이는 질서의 법칙입니다. 하나님은 사랑과 지혜 자체가 되시고, 권능은 사랑과 지혜의 실천을 의미합니다. 인간은 하나님의 사랑과 지혜를 수용하도록 창조된 피조물입니다."

서로 나누기

☞ **배운 것을 삶에 적용할 수 있도록 서로 나눠 봅시다.**

●숫자 3 은 무엇을 의미하는가?

●주님께서 제자 베드로에게 부탁하신 세가지 당부의 의미를 말해보라.

●3일 만에 부활하신다는 의미는?

●자연세계 동식물에 존재하는 세겹 질서는?

●생각해 보기●

값진 진주를 발견하면 자기 재산을 모두 다 팔아서 진주를 사라고 하였습니다. 이 말은 모두 다 포기하라는 말이 아닙니다. 단지 이기적인 욕심으로 붙잡고 있는 것을 내려놓고, 주님의 청지기로 살고 있음을 배우라는 뜻입니다. 자기가 가진 것을 다 파는 만큼 즉, 자기 십자가를 완전하게 지는 만큼 또는 자신을 부정하는 수준에 비례해서 영적인 보물을 소유할 수 있습니다. 이기심을 은밀하게 간직하고 있다면 영적 보물을 구할 수 없습니다. 우리는 천국 여행을 경제 논리로 하는 게 아닙니다. 오직 지옥적인 삶을 중단할 때만이 천국의 순수한 삶이 흘러 들어옵니다. 천국을 위해 지불하는 만큼 우리는 천국을 붙잡을 수 있습니다. 약삭빠른 장사꾼처럼 주님과 흥정할 수 없음을 깨달아야 합니다.

4

"숫자 4 는 무엇을 의미합니까?"

"숫자 4 는 결합을 의미합니다."

"무엇이 결합한 상태인가요?"

"진리와 선 혹은 악과 거짓의 결합입니다. 주님께서 이런 말씀을 하셨습니다. 너희는 아직도 넉 달이 지나야 추수 때가 온다고 하지 않느냐? 그러나 내 말을 잘 들어라. 네 눈을 들어 올리고 저 밭들을 보아라. 곡식이 이미 다 익어서 추수하게 되었다. 넉 달이라는 말은 선과 진리의 결합입니다. 추수함은 진정한 교인이 되기 위한 원리를 의미합니다."

"넉 달이 지나야 추수한다는 말은?"

"구속의 결과입니다. 그분의 구속하심과 영화하심으로 인류를 위해 만든 준비 작업이 추수입니다. 추수는 선과 진리를 모아 들이는 것이고 숫자 넷은 선과 진리의 결합입니다. 추수는 이미 당도했는데도 제자들은 그것을 보지 못했습니다. 주님께서 제자들이 눈을 들어 밭을 보기를 원하시는 이유는 깨달음을 위해서입니다. 들판의 곡식은 추수되기 위해 모두 다 익었습니다. 곡식은 마음에 남아 있는 진리를 의미합니다. 익었다는 것은 이해의 성숙을 의미하고 거두어 들임은 생활속에서 믿음의 열매가 맺어지는 것입니다."

"아! 그렇군요. 그러니까 주님은 우리가 삶속에서 진리의 깊은 깨달음으로 성숙하고 실천함으로 열매맺는 것을 고대하시는 군요. 그런데 우리는 왜 그렇게 되지 못할까요? 마음으로는 그렇게 되고 싶은데, 삶이 따르지 못하는 것은 무엇일까요?"

"추수 때까지 농부가 해야할 일은 먼저 땅을 준비하고 그 다음 씨를 심고, 씨가 잘 자라도록 가꾸어 주어 열매를 수확합니다. 마찬가지로 인간이 진리를 배우고 지식과 능력을 활용하여 진리가 마음속에서 성장하도록 협력하면 삶에서 열매를 얻게 됩니다. 사실 자신은 진리가 어떻게 성장하는지 알 수 없습니다. 하지만 그것을 모른다고 해도 문제될 것은 없습니다. 예컨대, 우리는 매일 음식을 먹습니다. 그 음식은 몸속에 들어가서 소화되어 피와 살로 전환됩니다. 우리는 몸속에서 일어나는 변화를 느낄 수 없습니다. 그것을 모른다고 해도 문제될 것은 없습니다. 영적 세계도 그렇습니다. 우리는 주님의 뜻을 알지 못하지만 주님은 우리 안에서 많은 일을 진행하십니다. 단지 농부가 씨를 심는 것처럼 우리는 진리를 배우고자 노력할 뿐입니다. 우리가 지각하지 못하는 순간에도 주님의 역사는 진행되어 갑니다."

☞ "그렇군요. 요한계시록에 푸르스름한 말 한 필이 있고 그 위에 탄 사람은 죽음이라는 이름을 가진 사람 뒤에 지옥이 따르고 있었으며, 그들에게 땅의 사분의 일을 지배하는 권한 곧 칼과 기근과 죽음, 땅의 짐승들을 가지고 사람을 죽이는 권한이 주어졌다고 했습니다(계6:8). 무슨 의미인가요?"

"푸르스름한 말과 그 위에 탄 자는 말씀 속에 있는 진리의 소멸과 죽음의 원리를 말합니다. 푸르스름함은 녹색이고 말은 이해력을 의미합니다. 녹색은 순한 싹의 색깔입니다. 역사적으로 녹색은 초기 기독교를 상징하는 색입니다. 반면에 싹의 색이 푸르스름한 것은 생명의 박탈입니다. 다시 말해 진리에 대한 순수한 마음이 파괴 되었음을 의미합니다. 그리고 말탄 자의 이름은 죽음이라고 했습니다. 이 말은 교회를 죽음으로 인도하고 있다는 뜻입니다."

"어떻게 순수한 교회가 죽음의 길에 들어섰나요?"

"교회의 목적은 사람을 생명의 길로 인도하는 것입니다. 그런데 하나님 말씀의 이해가 왜곡되면 교회는 죽음의 길에 들어설 수밖에 없습니다."

"문제가 심각하군요. 교회가 멸망한다는 말입니까?"

"그렇습니다. 교회의 종말입니다. 죽음이라는 이름을 가진 자가 푸르스름한 말을 탔다는 의미는 말씀의 왜곡된 이해로 인해 교회가 사망의 길에 들어선 것입니다. 그것은 단순한 진리의 오류 정도를 말하는 것이 아닙니다. 본질적으로 교회에 소속된 이들의 마음이 어리석고 미련하게 되어 선하고 참된 마음이 죽고 악과 거짓이 들어선 것입니다. 그래서 결국 지옥이 따르게 되었습니다."

"말탄 자에게 땅의 사분의 일을 죽이는 권한이 주어졌다고 했는데, 그 말의 의미는 무엇입니까?"

"땅은 교회를 뜻합니다. 사분의 일이란 물리적으로 25%를 뜻하는 게 아니라 전체를 의미합니다. 사분의 일은 숫자 4와 동일한 의미가 있습니다. 이미 4는 선과 진리의 결합을 의미한다고 말씀드렸습니다. 그러니까 땅 사분의 일을 지배하는 권능을 가진다는 것은 선과 진리의 결합을 파괴하는 권능을 가졌다는 말입니다."

"선과 진리를 파괴한다고요? 어떻게 말입니까?"

"죽음의 승마자가 가진 권한은 칼과 기근과 죽음, 땅의 짐승입니다. 칼은 왜곡된 진리이고 기근은 진리 지식의 결핍이고 죽음은 이웃 사랑의 소멸이고 땅의 짐승은 욕망입니다."

"그런 요소가 한꺼번에 들이닥쳤다는 말인가요? 참으로 안타까운 일입니다. 주님께서 시체가 있는 곳에 독수리들이 모인다고 말씀하셨는데, 그런 말씀이군요."

"슬픈 일이지만 그렇습니다. 독수리는 총명을 의미합니다. 총명은 말씀을 올바르게 이해하는 것을 의미합니다. 시체가 있는 곳의 독수리라는 뜻은 말씀의 이해가 파괴된 상태입니다. 초기 기독교는 순수하게 진리를 받아들였지만 교회는 초기의 순수로부터 멀어졌습니다. 주님 사랑이 식어진 것입니다. 결국 교회는 본질에서 멀어지게 되어 영적 삶의 본성과 수단을 잘못 이해하게 되었습니다. 마지막으로는 거짓이 진리의 자리를 차지하고 악이 선을 몰아냅니다. 그리하여 교회 안에 죽음과 지옥이 들어옴으로 교회는 황폐하게 되었습니다. 그 이유가 교회에 세속의 바람이 불어와서 진리를 썩게 만들었기 때문입니다."

"아! 세속의 바람! 어떤 이는 자기 욕망에 사로잡혀 울부짖으면서 기도하고는 왜 하나님은 응답을 더디하시는지 알 수 없다고 말합니다. 또 어떤 이는 구원의 확신만 가지면 천국에 갈 수 있다고 주장하기까지 하였습니다. 이런 자들은 스스로 천국 갈 수 있다고 주문 외듯이 외웠습니다. 그리고 다른 사람들에게 확신을 가지라고 자신있게 전합니다. 내가 진리를 가지고 바르게 살아야 한다고 말하면 행위 구원을 주장한다고 강하게 반박하였습니다. 한심한 일입니다."

"욕심에 사로잡히면 진리에 대해 눈을 뜨지 못하기 때문에 거짓된 신념에 사로잡히고 맙니다. 영혼의 황폐함이 찾아 옵니다. 진리의 씨가 말라버린 상태입니다. 그래서 결국 빛과 생명이 사라지고 죽음이 그 자리를 차지합니다."

☞ "계시록에서 이르기를 땅 네 모퉁이에 천사가 하나씩 서서 땅의 네 바람을 제지하여 땅에나 바다에나 어떤 나무에도 불지 못하게 하였습니다(계7:1)."

"네 천사는 천사들이 있는 전체 천국을 의미합니다. 땅의 네 모퉁이는 영의 세계를 말합니다. 천국의 천사와 지옥의 악령이 영의 세계에 들어와 소유권을 놓고 쟁탈전을 벌이는 것처럼 보입니다. 천사는 모든 사람이 천국으로 올라오기를 원하고, 악령은 모든 사람을 지옥으로 끌어내리고 싶어 합니다. 그러나 우리가 알아야할 사실은 천사는 사람 안에 있는 선을 통해서만 보호해 줄 수 있습니다. 그래서 성경에는 악은 모양이라도 버리라고 하였습니다. 천사는 네 바람을 저지하여 바람이 불지 못하게 하였습니다."

"왜 천사가 바람이 불지 못하도록 하였나요?"

"바람을 저지하는 이유는 진리를 온전하게 하기 위해서 입니다. 다시 말해서 믿음이 약한 자들에게 진리의 영이 너무 강하게 역사하지 않도록 배려하시는 주님의 사랑입니다. 바람은 하나님의 영을 상징합니다. 주님은 니고데모에게 이렇게 말씀하셨습니다. '바람이 불어 그 소리를 들어도 어디서

불어와서 어디로 가는지를 모른다. 성령으로 난 사람은 이와 같다' 고 했고(요3:8), 또 바람을 시켜 명령을 전하신다고 했습니다(시104:4). 주님께서 네 천사에게 내린 명령은 주님의 배려입니다. 진리는 천국을 통해서 옵니다. 오순절 마가 다락방에 임했던 성령은 천국으로부터 불어온 권능있는 바람입니다. 사도들은 그것을 감당했습니다. 그러나 그렇지 못한 사람도 많습니다. 성령이 그들 안으로 들어갔지만 그 권능의 힘을 견뎌낼 수 없었습니다. 그릇이 준비되지 않았기 때문입니다. 따라서 네 천사는 네 바람이 땅이든 바다이든 어떤 나무에든 불지 않도록 제지해야만 했던 것입니다."

"땅과 바다는 무엇을 의미합니까?"

"땅과 바다는 교회의 내적, 외적 측면입니다. 그것은 장소가 아닌 상태를 뜻합니다. 또한 나무는 지각을 의미합니다."

서로 나누기

☞ 배운 것을 삶에 적용할 수 있도록 서로 나눠봅시다.

- ●숫자 4는 무엇을 의미하는가?
- ●넉달이 지나야 추수한다는 말의 의미를 말해보시오.
- ●교회가 죽음의 길에 들어선다는 말은?
- ●시체가 있는 곳의 독수리는 무엇을 의미하나요?
- ●네 천사가 땅의 네바람을 제지한다는 말은?

●생각해 보기●

우리는 성만찬을 통해서 진리의 포도주와 사랑의 떡을 받아 먹음으로 주님과 하나를 이룹니다. 그래서 성만찬을 영적 결합이라고 부릅니다. 그러므로 신실한 사람은 주님으로부터 흘러 나오는 생명을 받음으로 주님과 더 가까워지게 됩니다. 이와 동시에 사람들은 서로 서로 사랑의 연합으로 친밀해지게 됩니다. 우리가 한 아버지의 사랑 안에서 사랑이 증가되듯이 이웃 사랑이 배가됩니다. 주님께서는 믿음과 사랑이 결합되는 선한 삶에 함께 하십니다.

종교는 삶의 모든 부분에 주님 사랑이 확장됨으로 더욱 순수해지고 고결해집니다.

5

"숫자 5 는 무엇을 의미합니까?"

"숫자 5 는 보다 적은 상태를 의미합니다. 숫자 5 는 10, 100, 1,000 과 연계 되어 사용하는데, 숫자 10 은 보다 많은 상태이고 숫자 5 는 보다 적은 상태를 의미합니다."

"주님께서 물고기 두 마리와 보리빵 다섯 덩이로 여자와 어린이를 제외한 오천 명에게 나누어 주시고 그들이 배불리 먹었습니다(마14:16-21). 무슨 의미인가요?"

"제자들이 주님께 우리에게 지금 있는 것이라고는 빵 다섯 개와 물고기 두 마리 뿐이라고 말했습니다. 빵과 물고기는 영혼을 지탱해주는 영혼의 양식 즉, 선과 진리를 의미합니다. 그런데 빵 다섯 덩이라고 했습니다. 빵 다섯 덩이는 아직 거듭나지 않은 자연인의 내적 상태입니다. 이는 부족하지만 미래를 위해 보존된 것입니다. 이 부분에 대해 요한복음에서는 빵 다섯 개와 작은 물고기 두 마리를 가진 사람이 어린 아이라고 말합니다. 이 말은 순수한 마음을 지녔음을 의미합니다. 또한 제자들은 겨우 빵 다섯 개와 물고기 두 마리만 가지고서는 많은 군중을 먹이기에는 어림도 없는 분량이라고 말했습니다."

"빵은 영혼의 양식이군요. 그래서 어떻게 했나요?"

"네, 예수께서는 그것을 가져 오라고 하셨습니다. 제자들이 주님께 빵 다섯 덩이와 물고기 두 마리를 가져오는 행위는 영적 성장을 위한 중요한 첫걸음입니다. 마음 속에 남아있는 순수한 선과 진리는 영적 삶을 시작하는 수단입니다. 이것을 주님의 명령에 순종하면서 그분께 가져와야 합니다. 그렇지 않으면 결단코 영적 삶으로 들어갈 수 없습니다."

"그 말은 우리 마음속에 남아있는 선과 진리는 내 것이 아니라는 말씀이군요. 주님께 갖다 드려야 하는군요."

"잘 보셨습니다. 주님께서 우리 마음속에 숨겨두신 것입니다. 그것은 주님의 것입니다.우리가 주인에게 돌려 드릴 때까지 결코 우리는 영적 삶에 진입될 수 없습니다. 그런 마음이 주님과 연결될 때만이 영적 풍성함이 나타납니다."

"우리 안에 남아있는 선과 진리를 주님께 드리는 일만이 우리가 해야할 일이군요. 그것이 원리이군요. 군중을 질서 있게 풀 위에 앉도록 한 것은 무슨 의미인가요?"

"풀은 낮은 수준의 지식을 의미합니다. 사람들이 풀 위에 앉아 있는 모습은 진리의 배열을 표현합니다. 그리고 그 뒤에 주님의 행동이 의미심장합니다. 주님께서 사람들을 풀 밭에 줄 지어 앉히시고 그 다음 빵과 물고기를 가지고 하늘을 우러러 감사 기도를 하셨습니다. 다시 말해서 주님께서 제자들로부터 빵과 물고기를 받으심은 인간 마음속에 남아 있는 선과 진리를 하나님과 연결하는 것을 의미합니다. 그 다음 하늘을 우러러 감사 기도를 올리신 것은 영적인 하늘이 열리고, 자비와 평화가 내려오는 것을 의미합니다."

"아! 그렇군요. 주님의 것을 드렸을 때만이 하늘과 연결되는군요. 주님께서는 선과 진리를 축복하시는군요. 주님의 권능으로 우리의 영적 필요를 채워 주시는군요."

"주님께서 축사하신 후에 빵을 떼어 제자들에게 주셨습니다. 그리고 제자들은 빵을 사람들에게 나누어 주었습니다. 주님께서 빵을 떼시는 모습은 대단히 의미심장합니다. 그 당시에는 서로에게 빵을 떼어주는 일은 선을 나누는 것을 상징했습니다. 빵 한 조각을 여러 조각으로 나눌 때 이는 선을 함께 하는 것이라고 여겼습니다. 빵을 떼고 나눔은 형제간의 사랑과 결합의 표시입니다. 그래서 초기 기독교회에서도 이런 의미에서 빵을 떼는 의식이 있었던 것입니다."

"그렇군요. 제자들이 주님께서 축사하신 빵을 군중들에게 나누어 주는 것은 주님과 결합해야 한다는 것과 동시에 주님의 선을 서로 공유함을 말하는군요."

"빵은 주님 사랑과 이웃 사랑입니다. 주님께서 빵을 제자들에게 주시고, 다시 군중에게 나누어 주는 것은 그분의 선을 영혼의 상태에 맞게 주신다는 것을 의미합니다. 다시 말해서 태양의 빛이 동식물의 상태에 맞게 비추는 것처럼 창조주께서 피조물의 수준으로 내려오십니다."

"제자가 빵을 주님의 손에 드렸다가 다시 받아 먹는 것은 마치 물이 수증기가 되어 하늘로 올라갔다가 다시 비가 되어 지상에 내려오는 것과 같습니다."

"네, 잘 보셨습니다. 하나님의 역사는 올라가고 내려오는 것입니다. 제자들이 주님께 빵을 가져왔고, 주님에 의해 빵이 지상에서 천국으로 올리어졌고 또 다시 영원한 사랑과 함께 내려와 굶주린 영혼을 채웠습니다."

"신비롭군요. 사람들이 모두 배불리 먹었다고 했습니다. 한 사람이 먹을 수 있는 분량인데, 만 명이상이 먹었습니다."

"이 기적은 이스라엘 백성이 광야에서 사십 년간 날마다 먹어온 만나의 기적과 같습니다. 이런 기적은 쉽게 설명할 수 있습니다. 창조의 질서는 보이지 않는 세계에서 출발하여 자연계에 나타납니다. 자연계에는 보이지 않는 영적 원리가 옷 입혀져 있습니다. 다시 말해서 자연은 추상적인 것이 현실 세계에서 구체화된 것입니다."

"성경에 만물이 그로 말미암아 지은 바 되었으니 지은 것이 하나도 그가 없이는 된 것이 없다는 말씀이군요(요1:3)."

"그렇습니다. 중요한 것은 영적 의미입니다. 주님께서 우리 안에 심어 놓으신 선과 진리가 비록 작다고 해도 그분의 영향 아래 있으면 무한하게 증가하는 것을 보여주셨습니다."

"군중이 다 먹고 남은 조각을 주워 모으니 열 두 광주리에 가득 찼다고 했습니다."

"마음속에 있는 영적 원리는 영혼의 요구를 다 채우고도 남습니다. 남아 있는 열두 광주리의 빵 조각은 충만한 가르침입니다. 선과 진리가 얼마나 풍부한지를 말씀합니다. 아무리 먹고 먹어도 그만큼 남는다는 것을 말합니다. 마음의 그릇 안에는 많은 빵조각이 남습니다. 광주리는 의지적 측면을 의미합니다. 광주리가 의지를 말하는 이유는 그것이 양식을 담는 그릇이기 때문입니다. 또 하나 주목할 만한 사항이 있습니다. 빵과 물고기가 한 번에 생산된 게 아니라 먹는 가운데 증가했다는 점입니다. 빵은 선을 의미하는데, 영적 선은 사용하는 가운데 증가된다는 것을 가르칩니다. 그 이유는 무한하기 때문입니다. 얼마 안 되는 빵과 물고기로 먹은 사람은 여자와 어린이들 외에 남자만 오천 명 가량 되었습니다. 남자는 진리 가운데 있는 이들이고 여인과 어린아이는 선 가운데 있는 교인을 의미합니다."

"주님의 섭리가 위대합니다. 내 안에서 선이 증가되도록 주님께서 무한하게 나눠주신다니 말입니다. 아무리 우리가 천국의 것을 사모해도 부족함없이 채워주신다니 다만 놀라울

따름입니다. 이후에 영원한 나라에 들어가서도 무한하신 천국의 각양 좋은 선물과 은사를 날마다 그렇게 나눠 주시겠군요. 이 세상에서는 기근을 당한 탕자처럼 늘 갈급하고 진리에 허기져서 살아 갑니다. 세상에 물질로 쪼들려 본 저로서는 천국의 진리를 무한하게 받을 수 있는 길이 있음을 알게 되어 너무 감사하고 기쁩니다. 무한하게 샘솟듯이 선과 진리를 주시는 주님을 찬양합니다."

"당신의 그 고백은 주님께서 주시는 영적 진리를 맛본 자만이 할 수 있는 기쁨의 노래입니다. 당신이 날마다 영적 진리를 사모하여 늘 배우기를 즐겨하고 사람들과 나누기를 원하는 그 마음을 주님께서 아시고 축복하십니다. 비록 세상에서 성공을 이루지는 못했더라도 낙심하지 마세요. 주님은 세상에서 볼품이 없더라도 천국의 가치를 아는 자들을 더욱 사랑하시고 귀하게 보십니다."

"주님께서 하늘나라는 열 처녀가 저마다 등불을 가지고 신랑을 맞으러 나간 것에 비길 수 있다고 말씀하시면서 다섯은 신랑을 맞이했고 다섯은 기름이 떨어져 맞이하지 못했다고 했습니다. 그 의미는 무엇인가요?"

"열 처녀 비유는 심판에 관한 말씀입니다. 처녀는 교회를 의미합니다. 시온의 처녀 딸과 예루살렘의 처녀 딸들은 교회의 호칭들입니다. 이스라엘의 처녀 딸들은 추잡한 짓까지 했습니다(렘18:13). 이 경우는 부패한 교회를 의미합니다."

"열 처녀는 무엇을 말합니까?"

"열 처녀는 신랑과 함께 결혼식장으로 들어가기 위해 준비하는 자입니다. 구세주와 함께 하늘나라로 들어가기 위해 자신을 준비할 기회를 가진 모든 사람입니다. 고로 열 처녀는 무한한 숫자입니다. 심판될 모든 사람을 말합니다."

"그런데 열 처녀 모두 저마다 등불을 가졌습니다."

"등불은 빛입니다. 빛은 진리의 상징물입니다. 주의 말씀은 발에 등불이요 길에 빛이라고 하였습니다(시110:105)."

"열 처녀 모두 등불을 가지고 있다는 말인가요?"

"네. 그 등불은 마음에 새겨져 있습니다. 저마다 수준은 다르지만 열 처녀가 등불을 가진 것은 일반적 진리를 의미합니다. 등불을 가지고 있다는 것은 각자 나름대로 진리를 이해하고 있음을 말합니다. 사람들의 모습을 보면 살아가는 형태는 다르지만 모두 진리를 붙잡고 있습니다. 우리가 알아야

할 것은 열 처녀 모두 서로 비슷한 행동을 하고 있습니다. 그것은 그들이 등불을 들고 신랑을 맞으러 나갔습니다. 등불을 가지고 신랑을 맞으러 나감은 이미 마음속에 가지고 있는 진리를 가지고 주님을 맞이해야 한다는 뜻입니다."

"그렇다면 모든 인류는 종교 생활을 하면서 사는군요."

"네, 하나님의 형상과 모양대로 창조된 모든 사람은 각자가 삶에서 나름의 진리를 가지고 살아갑니다. 하지만 사람들은 품성이 다릅니다. 아무리 진리에 관한 지식이 있고 믿음을 가졌다고 할지라도 본질적으로 품성이 다릅니다. 성경에는 그 이유를 다섯은 미련하고 다섯은 슬기로웠다고 했습니다. 둘은 서로 정반대입니다. 슬기로운 자와 어리석은 자는 선한 자와 악한 자를 말합니다. 다른 말로 하면 이는 지혜와 지식의 차이입니다. 지혜는 지식을 삶에서 적용시킨 것이고 지식은 아는 데 그친 것을 말합니다. 지식은 다만 생명과 행복의 길을 아는 정도이지만 지혜는 그 길을 걷도록 합니다. 또한 지혜는 지식 없이는 있을 수 없지만 지식은 지혜 없이도 가능합니다."

"그렇군요. 내 자신이 지혜를 갖고 있는 지 혹은 지식에 그

치는 지를 어떻게 구별합니까?"

"그것은 미련한 처녀는 등불이 있었지만 기름은 준비하지 않았고 슬기로운 처녀는 등불과 함께 그릇에 기름을 담고 있었습니다. 슬기로운 사람만이 기름을 가졌습니다. 기름은 선을 의미합니다. 선은 종교의 본질입니다."

"그 후에는 어떻게 되었습니까?"

"열 처녀가 만나러간 신랑은 즉각 오지 않았습니다. 그래서 처녀들은 모두 졸다가 잠이 들었습니다. 이런 모습은 우리에게 교훈을 줍니다. 그분이 더디 오심과 그분을 기다림은 우리의 인생 기간입니다. 이 기간 동안 슬기로운 자와 미련한 자는 구별되지 않은 채 다 함께 졸기도 하고 잠들기까지 합니다. 세상의 삶은 모두 졸고 있는 듯이 보입니다. 육체 가운데 살아가는 것은 희미한 상태에 있습니다. 이것이 졸다가 잠든 모습입니다."

"아! 그렇군요. 졸다가 잠든 상태가 인간의 삶이군요."

"그런데 한밤중에 저기 신랑이 온다. 어서들 마중 나가라! 는 소리가 크게 들렸습니다. 한밤중은 마지막 때입니다. 한밤 중의 소리는 새로운 시작을 알리는 소리입니다. 즉, 상태의 끝입니다. 개인의 인생도 이와 같습니다. 인생의 날이 마감될 때 한밤 중의 소리가 크게 있어 신랑이 오고 있음을 발표하고 우리는 그분을 만나러 나가야만 합니다. 주님께서 언젠가 특사를 우리에게 파송하셔서 육체를 떠나라고 말씀하실 때가 있습니다. 그분을 만나기 위해 이 세상을 떠나라고 부르실 때가 옵니다."

"아! 그러면 마지막을 위해 무엇을 준비해야 합니까?"

"처녀들은 모두 일어나 제각기 등불을 챙기었습니다. 이제 시간의 세계에서 영원의 세계로 건너가야만 합니다. 우리는 언젠가 더 높은 존재 상태를 의식하고 깨어납니다. 물질계의 몸과 시간과 공간이라는 환경 조건이 제거되면 영혼은 자유로워집니다. 그때는 영계가 눈에 열리게 됩니다. 이런 깨어남을 위해서 처녀들은 제각기 등불을 챙기는 것입니다."

"그래서 처녀들이 일어났군요."

"일어나는 행위는 의지를 말하고 등불을 챙김은 이해를 의미한 것입니다. 주님 나라에 들어가려면 먼저 진리를 들고 사랑의 행위를 해야만 합니다."

"아! 한편 무섭고 떨리는군요. 진리를 들고 주님을 맞이해야 한다니요."

"그렇지요? 그런데 어리석은 자들의 마음에는 진리가 없습니다. 그들이 챙겼던 등불은 꺼져가고 있습니다. 심지에 공급할 기름조차 없습니다. 이 사실을 알게 된 미련한 처녀들은 슬기로운 처녀들에게 우리 등불이 꺼져가니 기름을 좀 나누어 달라고 요청했습니다."

"왜 그들에게는 기름이 없었을까요?"

"세상사는 동안에는 각자 나름대로 진리의 등불을 가진 것처럼 생각하여 착각하며 살았습니다. 자기가 옳은 듯이 주장하고 떠들어댔습니다. 그러나 하늘나라에 와서 보니 모두 소용이 없었습니다. 자기 수준으로는 대단한 것처럼 보이지만 그 나라에서는 하나도 쓸모가 없었습니다. 왜냐하면 참된 사랑에서 나온 지식이 아니었기 때문입니다. 그래서 등불은 서서히 꺼지고 말았습니다. 하지만 미련한 처녀는 자신이 인생을 잘못 살아온 것을 반성하기 보다는 어떻게 그 기름을 채워넣을까 궁리를 하였습니다. 그러다가 한가지 꾀를 내었습니다. 자신이 준비해야할 기름을 다른 처녀의 기름으로 대체하기를 바랬던 것입니다. 이것은 하나의 변명거리입니다."

“등불이 꺼져가다니… 아! 놀라운 말씀입니다. 우리네 삶이 그 지경에 떨어지면 어떻게 될까요. 똑똑한 체하고 잘난 체하던 자들이 그 나라에서 자기 등불이 꺼져간다면 무엇으로 대신할까요? 이제 그들이 구걸하는 신세가 되었군요. 지혜로운 처녀는 뭐라고 하였나요?”

“동료의 요청을 거절했습니다. 지혜로운 처녀들은 우리 것을 나누어주면 우리에게나 너희에게 다 모자랄 터이니 너희 쓸 것을 차라리 가게에 가서 사다 쓰는 것이 좋겠다고 하였습니다. 이 말은 슬기로운 자가 아무리 큰 선을 지녔다고 하더라도 그 나라에서 삶의 준비를 위해서는 충분하지 않다는 것입니다. 선은 그것이 크든 작든 타인에게 나누어 줄 수 없습니다. 그래서 충고로 말하기를 차라리 파는 자들에게 가서 네 쓸 것을 사는 게 좋겠다고 말했습니다. 기름은 반드시 값을 치루고 사야만 합니다.”

“여하튼 미련한 처녀들이 기름을 사러 간 사이에 신랑이 왔습니다. 준비하고 기다리고 있던 처녀들은 신랑과 함께 혼인잔치에 들어갔고 문은 잠겨 졌습니다.”

“미련한 처녀들이 자리를 비운 사이에 신랑이 왔다는 말은 그분과 그들 사이에 비슷한 것이 전혀 없다는 것입니다. 그렇기 때문에 결과적으로 결혼식에 참석하려는 준비를 전혀 하지 않고 있었습니다. 그러나 준비하고 있던 슬기로운 처녀들은 그분과 함께 입장했습니다. 주님과 함께 결혼식장에 들어간다는 것은 천국으로 들어간다는 것뿐 아니라 마음에 관한 상태 즉, 선과 진리가 결합한 상태를 말합니다."

"주님과 닮은 모습이 없으면 결국 결혼식장에 들어갈 수 없군요. 천국은 아무나 들어갈 수 있는 곳이 아니군요."

"주님은 정의로운 자와 함께 천국에 들어가십니다. 거기서 사랑과 믿음의 결합으로 그들과 영원히 거주하십니다. 그분이 영원한 결혼으로 들어가셨을 때 그들의 평화와 행복을 위해서 외부의 침입을 막기위해 문은 잠겨 집니다. 사실 닫힌 문은 어리석은 자의 마음 문이기도 합니다."

"어리석은 자의 마음의 문이라고요?"

"우리가 이 세상에 살 때 주님께서 마음의 문을 두드리신다고 하셨습니다. 우리는 이 문을 열 수 있어야 합니다. 이 세상 사는 동안에 주님께서 노크하실 때 마음의 문을 열지 않았던 사람은 저 세상에서 문을 열 수 없습니다. 저 세상에서는 더 이상 그렇게 할 수 없습니다. 인간의 마음에는 속사람과 겉사람이 있습니다. 속사람의 문이 닫힐 경우 겉사람은 어둠과 죽음에 놓이게 됩니다. 속사람에서 오는 빛이 차단될 경우 겉사람의 어두움에 대해서 성경은 바깥 어두운 곳이라고 말했습니다. 바깥 어두운 상태는 어리석은 처녀들이 꺼진 등불을 들고서 천국에 들어가지 못하는 것과 같습니다."

"혹시 어리석은 처녀들이 주님께 문을 열어 달라고 간청하면 안 되나요?"

"그 뒤에 미련한 처녀들이 와서 주님, 주님, 문 좀 열어 주세요 하고 간청하였습니다. 그러나 굳게 닫힌 문은 열리지 않았습니다. 영원한 행복은 끝났습니다. 행복해지기를 바라는 것은 모든 사람의 공통된 소원입니다. 천국은 행복의 거처이기 때문에 누구나 천국에 입장하기를 원합니다. 하지만 이제 문은 닫혔습니다. 주님께서 어리석은 처녀에게 대답하십니다. 분명히 말하는데 너를 모른다!"

"주님께서 어리석은 처녀를 모른다고 하셨군요. 그가 세상에서 사는 동안에 하나님을 알 수 있지 않았나요?"

"물론 그들도 지적으로 하나님을 알았습니다. 그러나 구원의 수단으로는 모릅니다. 주님께서도 그들을 아십니다. 그러나 구세주 입장으로는 그들을 알지 못합니다. 그들의 이름은 어린양의 생명책에 기록되지 않았습니다. 그들에게 주님의 자녀라는 표시가 없습니다. 주님의 이름이 그들의 이마에도 손에도 마음에도 생활에도 씌어있지 않습니다. 그런데 어떻게 주님께서 그들을 알 수 있다는 말입니까? 그들이 주님 안에 있지 않고 주님은 그들 안에 있지 않습니다. 상호 교류가 없고 결합하는 수단이 없습니다. 오로지 큰 구렁텅이만이 그들 사이에 놓여 있어 완전한 분리, 영원한 분리만이 있을 뿐입니다."

"참으로 무서운 경고이군요."

"누구든지 심판의 날이 있습니다. 인자가 오시는 날과 시간은 아무도 모릅니다. 그 때와 시간을 모르므로 심판을 위해 준비해야 합니다. 우리가 준비하지 않는다면 언젠가 우리는 당황하게 될 것입니다. 우리의 준비가 완료되었다면 그 얼마나 복될까요."

"아! 진리의 말씀은 알면 알아갈수록 때로는 기쁘기도 하지만 한편으로는 무섭고 떨립니다. 진리는 그것이 실제적으로 현실이 되는 날이 반드시 온다는 말인데, 어쩌면 좋습니까? 이제라도 깨어있으면 될까요? 그런데 어떻게 해야 깨어나는 것인지 조차 모릅니다. 그저 내게 주님의 도우심이 오기만을 간절하게 기다릴 뿐입니다. 제게 그 방법을 알려주시기를 부탁드립니다."

"간절하군요. 그 방법을 알려드리겠습니다. 당신의 사정과 비슷한 일이 성경에 기록되었습니다. 예루살렘 양을 파는 시장 근처에 베데스다라는 연못이 있었고 그 둘레에 행각 다섯이 있었습니다. 그곳에는 많은 환자, 눈먼 사람들과 다리 저는 사람들과 중풍병자들이 누워 있었습니다. 주님의 천사가 때때로 못에 내려와 물을 휘저어 놓는데 물이 움직인 뒤에 맨 먼저 들어가는 사람은 무슨 병에 걸렸든지 나았기 때문입니다. 거기에는 서른여덟 해가 된 병자 한 사람이 있었는데, 예수께서 병이 오랜 줄 아시고 물으셨습니다. 낫고 싶으냐? 고 물으시고 일어나서 네 자리를 걷어 가지고 걸어가라고 하자 그가 나았습니다(요5:1-5)."

"병에서 해방되기를 기다리는 자들이 모였군요. 어쩌면 그 모습은 나의 모습인 듯 싶습니다. 인간의 무력함을 느끼고 주님의 절대적 도우심을 구하는 것 말입니다.”

“연못은 하나님의 말씀을 표현합니다. 베데스다는 자비의 집이라는 뜻을 가지고 있습니다. 베데스다 연못은 하나님의 뜻이 계시된 말씀입니다. 죽어 마땅한 죄인에게 베푸시는 그 분의 자비가 제공됨을 표현합니다. 예루살렘은 교회를 의미하고 양은 영적인 사랑을 의미합니다. 연못이 예루살렘 양 시장 근처에 있었다고 했는데, 이는 주님께서 사랑의 원리를 가지고 살아가는 이들과 함께 존재한다는 말입니다. 연못은 기억속에 존재하는 말씀입니다.”

“그렇다면 연못 근처에 있는 소경과 절름발이와 중풍병자 등 많은 병자들은 무엇을 의미합니까?”

“병든 사람들은 거듭나지 않은 마음, 무질서한 애정과 생각입니다. 소경은 진리에 무지, 절름발이는 진리에 관한 불균형한 원리, 중풍병자는 생명력이 매우 미약한 상태입니다. 우리에게는 천성적으로 이런 허약함이 있습니다. 이런 자들이 양을 사고 파는 시장 근처에 있습니다. 이는 영적 허약함을 발견하고 지식이라는 행각에 들어가서 해방을 간절히 간구하는 사람의 모습입니다.”

"행각 다섯은 무엇을 의미하나요?"

"숫자 다섯은 적음, 약간을 말합니다. 십계명은 완성을 표현하지만 다섯은 절반입니다. 진리의 지식이 약간 있는 정도입니다."

"이따금 주님의 천사가 그 못에 내려와 물을 휘젓곤 하였는데 물이 움직일 때에 맨 먼저 못에 들어가는 사람은 무슨 병이라도 다 나았다고 했습니다."

"연못의 물은 말씀을 통해서 얻은 진리를 의미합니다. 천사는 하늘로부터 내려온 진리의 영입니다. 천사는 마음속에 들어가 진리를 움직입니다. 그러나 천사가 간헐적으로 내려오는 것은 인간이 받을 준비되어야 하기 때문입니다. 따라서 천사들이 내려오는 때는 인간에 의해 결정됩니다. 중요한 것은 천사가 물을 움직이게 할 때 제일 먼저 뛰어든 사람만이 온전해지게 된다는 것입니다. 시간적으로 제일 먼저의 의미는 영적으로는 가장 우선으로 여기는 상태를 말합니다."

서로 나누기

☞ 배운 것을 삶에 적용할 수 있도록 서로 나눠봅시다.

● 숫자 5 는 무엇을 의미하는가?

● 빵 다섯 덩이는 무엇을 의미하나요?

● 처녀가 등불을 들고 있다는 말은 무엇을 말하나요?

● 등불이 꺼져가는 이유는 무엇인가요. 그 의미는?

● 행각 다섯은 무엇을 말하나요?

● 생각해 보기 ●

아는 것이 힘이라는 말은 세상 뿐 아니라 영적 세계에서도 적용되는 말입니다. 영적인 보물은 우리 주위에 함께 존재하지만 우리는 하늘의 지식에 대해 얼마나 무지한지 모릅니다. 수세기 동안 캘리포니아나 호주 등지의 밭에 석유와 금이 매장되어 있었지만 주님들은 발로 밟히는 줄 모른 채 지내 왔습니다. 자기에게 무진장한 행운을 보증해 줄 부를 함유한 땅위에서 얼마나 많은 이들이 가난으로 죽어 갔는지 모릅니다. 펜실바니아의 농부들은 땅 값을 다 지불하지 못해 경작하던 땅을 잃었습니다. 그러나 만일 그 땅에 매장된 석유에 관해 그들이 알았더라면 백만 장자가 되고도 남았을 것입니다. 주님이 영원한 삶의 보물을 엄청나게 저장해 두신 마음 밭에서 우리는 죽어 가고 있습니다. 성경이나 교회의 가르침은 귀에 익숙한 데도 그 속에 들어 있는 보물에는 소경이 되어 있습니다.

6

"숫자 6 은 무엇을 의미하나요?"

"여섯은 노동 혹은 전투의 숫자입니다. 인간은 노동을 통해서 거짓이 사라지고 거룩하게 됩니다. 창조 6일 간을 거듭남의 과정으로 보면 여섯째 날은 거듭남이 많이 진행된 상태이기도 합니다. 여호와께서 엿새 동안에 천지 만물을 창조하신 것은 영혼의 거듭남을 말합니다. 거듭남을 위한 전투와 노동의 상태를 의미합니다. 다시말해 악과 거짓에 맞선 전투의 상태입니다. 6 은 7 앞에 있습니다. 안식이 이루어지기 전에 수고와 전투가 필요합니다. 고로 6 은 안식을 위한 준비로 선행되는 상태입니다. 6일은 주님께서 인간과 더불어 수고하심을 의미합니다. 6 은 시험의 상태이며 영적 인간이 되기 위해 진리를 위해 투쟁하는 상태를 말합니다."

"인간이 영적인 사람이 되어져 가는 상태이군요."

"창조의 단계는 점차로 사람이 되어가는 과정을 의미하고 있습니다. 여섯째 날에 가서야 하나님의 형상대로 지음 받은 인간이 되는 것입니다. 주님께서도 악과 거짓에 맞서서 싸우심으로 진리를 세워 나가셨고 선을 확증하셨습니다. 그야말로 주님은 시험과 투쟁을 통해서 일하셨습니다. 하나님은 지금도 쉬시지 않습니다."

"무엇을 위해 그렇게 전투해야 하나요?"

"창세기 1장은 인간의 거듭남을 위한 과정을 의미합니다. 육일 동안에는 수고가 있었지만 일곱 째 날에는 쉼이 있습니다. 쉼은 안식을 의미합니다. 히브리 종에게는 6년을 봉사하고 칠년 째에는 자유를 주었습니다(출21:2). 그들은 6년 동안 땅에 씨를 뿌리고 열매를 모아들였지만 7년 째는 씨를 뿌리지 않았습니다(출 23:10-12). 일곱 째 해는 안식일의 안식일, 여호와에게 안식일입니다(레25:3-4). 또한 숫자 여섯은 거짓의 흩어짐을 의미합니다. 욥기에는 여섯 가지 환난에서 너를 구원하시며 일곱 가지 환난이라도 그 재앙이 네게 미치지 않게 하신다고 하였습니다(욥5:19)."

"우리의 인생이 수고라는 것은 이해합니다. 하지만 너무나 고통스럽고 힘든 시간을 보냈습니다. 죽을 만큼 견디기 어려운 순간이 많았습니다. 그런데 무엇을 위해 그렇게 고생을 해야 하는지 알지 못할 때는 그 고통은 배가되는 듯 싶습니다. 무엇을 위해 수고와 전투를 해야만 합니까?"

"육일 간은 하늘에서 만나가 내렸지만 일곱째 날에는 내리지 않았습니다(출16:26). 안식일은 선과 진리의 결합을 의미합니다. 육일 간 만나를 모으는 것은 선의 열매를 거두기 위한 진리의 습득 작업 상태입니다. 그러니까 선과 결합이 있기 전에 인간이 진리의 습득과 훈련을 통해서 선한 열매를 맺기 위해서 수고하는 것입니다. 반드시 이런 과정을 통해서만이 선이 열매를 맺고 최상의 행복이 주어집니다. 왜냐하면 선한 자가 되려면 반드시 노동과 전투를 통과해야 하기 때문입니다."

"여섯째 날에 이틀 분량의 만나를 준다는 의미는?"

"여섯 째 날은 거듭남의 끝을 말합니다. 진리를 통하여 많은 선을 주셔서 결합하도록 하심을 의미합니다. "

"6년 동안 땅에 씨를 뿌리고, 6일 동안 너는 네 일을 할 것이라는 의미는?(출23:10-12)"

"씨를 뿌리는 것은 진리의 가르침을 받는 상태이고, 일을 한다는 것은 노동의 상태를 의미합니다. 6일 동안은 진리의 상태를 말합니다(출24:16)."

☞ "우리가 진리를 얻고자 죄악과 전투를 할 때 주님은 우리를 어떻게 도와주시나요?."

"주님께서는 당신의 의도와 생각을 아시고 도와주십니다. 요한계시록에 요한은 이런 환상을 보았습니다. 보좌 주위에 네 생물이 여섯 날개를 가지고 그 몸에 앞뒤에 눈이 가득 박혀 있었다고 했습니다(계4:8). 여섯 날개는 여러 의미가 있습니다. 예컨대, 공중을 차고 오를 수 있도록 수고하는데 즉, 더 높은 선을 향해 오르도록 도와 줍니다. 여섯 날개는 이 장소에서 저 장소로 이동하게 해주는데, 상태의 변화를 이루도록 합니다. 또 날개는 새끼를 품고 보호하는 목적으로 사용되는데, 주님의 역사하심을 의미합니다. 시편에 그룹을 타고 다니심이여 바람 날개를 타고 높이 솟아 오르셨다고 했습니다(시18:10). 그 의미는 주님의 무소부재입니다."

"주님께서 우리 인간을 더 높은 세계로 올라가도록 도와주시고 보호하신다는 의미이군요."

"그분은 인간을 돌보시고 보호하십니다. 그분에게는 권능이 있습니다. 그분은 인간을 섭리하심으로 인도하십니다. 시편에 당신의 인자하심이 얼마나 높은지요. 오! 하나님, 사람들이 주의 날개 그늘 아래에 피하나이다 라고 노래했습니다(시36:7). 인자하신 주님은 불순종하는 자녀에게 이렇게 한탄하셨습니다. 예루살렘아! 예루살렘아!....암탉이 병아리를 날개 아래 모으듯이 내가 몇 번이나 네 자녀를 모으려 했던가. 그러나 너는 응하지 않았다(마23:37)."

"날개는 무엇을 의미합니까?"

"날개는 보호하심을 의미합니다. 당신의 날개로 덮어주시고 그 깃 아래 숨겨 주시리라. 그의 진리가 너의 갑옷이 되고 방패가 되신다고 했습니다(시91:4). 날개는 주님의 진리입니다. 이 진리는 신실한 사람들이 신뢰하는 날개이고(시61:4), 그들은 날개 아래에서 기뻐합니다(시63:7). 주님은 진리로서 지상에 있는 교회를 유지 존속시키고 천국으로 인도하십니다."

"선지자 이사야가 환상 중에 본 스랍은 여섯 날개를 가졌는데 날개 둘로는 얼굴을 가리고 둘로는 발을 가리고 나머지 둘로 날아 다녔다고 했습니다(사6:1-2)."

"스랍의 날개는 쌍으로 되어있습니다. 자연만물은 언제나 짝을 이루어 존재하도록 창조되었습니다. 예컨대, 천국과 교회, 선과 진리, 여자와 남자입니다. 그리고 짝은 결국 하나를 이룹니다. 진리는 홀로 존재할 수 없습니다. 날개가 한쪽만 달려있다고 생각해 보세요 새는 날지 못할 것입니다. 마찬가지로 선 없는 진리, 사랑 없는 지혜, 행함 없는 믿음 하나만을 고집한다면 한쪽 날개만 있는 새와 같다고 할 수 있습니다."

"그런데 스랍은 세 쌍의 날개를 가졌습니다."

"세 쌍의 날개는 선과 진리의 세 가지 수준을 상징합니다. 이 질서 속에서 주님의 나라가 존재하고 있습니다."

"그룹의 몸의 앞뒤에 눈이 가득 박혀 있다는 것은?"

"말씀 속의 진리는 신성한 지혜가 가득하다는 것을 우리에게 가르치고 있습니다. 주님은 지혜를 가지고 섭리와 구원을 이루십니다. 이런 지혜는 감추어져 있습니다. 그런데 어떤 이들은 우연의 일치나 뜻밖의 결과를 가지고 주님의 섭리라고 부르기도 합니다. 주님의 섭리는 인간의 눈으로는 볼 수 없습니다. 감추어져 있기 때문입니다. 인간에게는 한없이 뻗어가는 날개 안에 눈을 갖고 있지 못합니다. 인간에게는 지혜가 없습니다. 인간의 생각으로 알 수 없도록 주님의 지혜가 감추인 이유는 지혜를 모독하지 않도록 하시는 주님의 섭리 때문입니다."

"인간이 지혜를 모독했던 경우가 있나요?"

"세상적이고 인간적인 꾀는 선악을 알게 하는 지식의 나무의 실과를 먹도록 유혹하였습니다. 이들이 더 이상 주님의 지혜를 모독하지 못하도록 그룹이 빙빙도는 불 칼을 들고 서서 생명나무의 실과를 먹지 못하게 하였습니다. 더 이상 거룩한 것을 모독함으로 영원한 죽음에 빠지지 않도록 막으셨습니다. 완악한 인간들이 신성한 말씀과 섭리의 신비에 들어가는 것을 막으셨습니다. 그리고 생명을 주시는 분을 찾도록 하여 그분의 영광을 가리지 않는 겸손한 신앙인이 되는 길로 인도해 주셨습니다."

"아! 죄악된 인간이 신성 모독하지 않도록 막으셨군요. 자칫 방심하면 자신도 모르게 주님의 지혜를 모독하게 됩니다. 어떻게 해야 주님의 지혜를 모독하지 않고 겸손하게 주님을 섬길 수 있을까요?"

"주님의 말씀을 높여야 합니다. 말씀은 유한한 인간이 주님을 의지하고 살아가는 지혜를 깨닫게 해줍니다. 주님만을 섬기고 예배할 수 있도록 인도해 줍니다. 인간이 주님께 되돌아 설 수 있는 것은 성령과 말씀 뿐입니다. 이런 측면에서 그룹은 밤낮 쉬지 않고 '거룩하시다. 거룩하시다. 거룩하시다. 전능하신 주 하나님, 전에 계시고 장차 오실 분이시다' 고 외치고 있습니다."

"밤낮 쉬지 않고 찬양하나요?"

"영원하신 분을 쉬지 않고 찬양함은 결코 졸지도 주무시지도 않는 그분의 권능을 함축하는 말입니다. 아무리 수준 높은 피조물이라 해도 이런 조건을 계속 유지할 자는 아무도 없습니다. 본질적으로 신성을 지녔을 때만이 낮이고 밤이고 쉬지 않을 수 있습니다. 다시 말해서 그룹은 말씀을 의미하고 그 말씀은 신성입니다. 또 말씀은 하나님으로부터 와서 그분께로 환원됩니다. 말씀은 하나님을 인간에게로 내려오게 해주고 인간을 하나님께로 들어 올려 줍니다."

"왜 밤과 낮이라고 했나요. 그 나라에 밤이 있나요?"

"유한한 모든 창조물에는 언제나 명확함과 희미함의 상태가 존재합니다. 인간은 변하지 않는 높은 상태에만 계속 있을 수 없습니다. 마음은 언제나 교차하는 상태를 가집니다. 지구의 모든 사람은 절반은 낮에 살고 절반은 밤에 삽니다. 밤낮이 쉬지 않고 교차합니다. 밤과 낮이라는 말은 상태를 의미합니다. 신앙의 상태에서 희미한 상태로 건너가기도 하고 다시 명백한 상태로 진입합니다. 이것이 밤과 낮인데 이 밤낮 안에서도 그룹은 쉬지 않습니다. 모든 상태들 즉, 밝은 상태이든 희미한 상태이든 말씀과 주님의 섭리는 선을 창조해 냅니다. 마치 우리의 육체가 일할 때나 잠들었을 때 쉬지 않고 일하는 것처럼 말입니다."

"네 생물은 쉬지 않고, 거룩하다. 거룩하다. 거룩하다. 전능하신 주 하나님, 전에 계셨고 지금도 계시고 장차 오실 분이시다 라고 외칩니다. 거룩을 세 번 외치는 이유는?"

"거룩을 세 번 반복한 이유는 주님은 완전한 거룩이시기 때문입니다. 혹시 우리가 거룩한 삶을 산다면 그분으로부터 부여 받은 것에 불과합니다. 그러므로 우리는 거룩한 삶을 그분께 되돌려 드려야 합니다. 숫자 3 은 완전함이고 최고의 거룩한 상태를 의미합니다. 하나님은 거룩한 분(사40:25), 그리스도는 거룩한 분(사49:7, 행3:14)이고 하나님의 영은 거룩한 영이라 불립니다. 거룩은 죄에 반대됩니다. 예수께서는 죄짓게 하는 모든 시험을 정복하시어 인성을 거룩하게 하셔서 거룩의 근원이 되셨습니다."

☞ "너는 엿새 동안 일하고 일곱째 날에는 쉴지니 밭 갈 때에나 거둘 때에도 쉬라고 했습니다(출34:21)."

"엿새 동안 일하라는 의미는 즉 거듭남의 상태를 의미합니다. 인간이 거듭나기 위해서는 진리를 위해 시험과 싸우며 전투해야 합니다. 일곱 째 날에 쉬라는 말은 진리가 선과 결합됨을 말합니다. 그리고 평화로운 상태를 의미합니다. 밭 갈 때나 거둘 때라는 말은 진리가 선에 이식되고 또한 선을 받음을 말합니다."

서로 나누기

☞ **배운 것을 삶에 적용할 수 있도록 서로 나눠봅시다.**

●숫자 6 은 무엇을 의미하는가?

●6일 간은 하늘에서 만나가 내렸지만 7일 째는 내리지 않은 이유는 무엇을 의미하나요?

●스랍의 날개가 여섯이 있으며 쉬지 않고 거룩하다고 외치는 이유는 무엇을 말하나요?

●엿새 동안 일하고 일곱 째 날에는 쉬라는 의미는?

●생각해 보기●

두 가정이 있습니다. 첫째 가정의 부모는 아이들이 사랑스러워 그들의 응석을 잘 받아 주었지만, "아니오" 가 필요할 때 "아니오" 라고 잘라 말하지 못했습니다. 다른 가정의 경우, 부모는 자녀들의 인격을 훈련시키는데 매우 적극적이었습니다. 그래서 아이들의 요구를 종종 거절했습니다. 위의 두 부모 중 어느 부모가 인생의 전투에 나가는 아이들을 더 잘 준비시켰을까? 어느 쪽 부모가 진지한 사랑을 아이들에게 베푼 것일까요? 말할 것 없이 자녀들의 요구에 강경했던 부모가 더 높은 질적 차원의 사랑을 가졌습니다. 부모의 예와 같이, 주님은 그분의 자녀들에게 종종 "NO" 라고 말씀하십니다. 그 이유는 그들이 원하는 것 자체가 그들에게 최상의 것이 아님을 알고 계시기 때문입니다.

7

"숫자 7 은 무엇을 의미합니까?"

"숫자 7 은 거룩을 의미합니다. 하나님께서는 모든 것을 지으시고 이렛 날에는 쉬시고 이 날을 거룩한 날로 정하시어 복을 주셨습니다(창2:3). 주님은 엿새 동안 힘써 일하고 이렛 날은 쉬라고 하셨습니다(출20:9-11). 하나님의 백성에게는 안식이 남아 있다고 했습니다(히4:9). 땀 흘리는 육 일과 쉼의 칠 일은 영적 노동의 상태와 영적 쉼의 상태를 말합니다. 주님은 우리 안에서 일하시는 분이시고 우리는 그분 안에서 쉼을 즐깁니다. 다시 말해서 인간에게 하나님의 형상과 모양이 회복될 때, 거룩한 상태로 들어가게 됩니다. 성경에서 숫자 일곱은 완전과 거룩입니다."

“제자들이 안식일에 밀 이삭을 먹었습니다. 이를 두고 안식일 준수에 집착하는 바리새인들은 제자를 비난했습니다.”

“타락된 교회의 특징은 내용을 잃어버리고 외적인 측면을 준수하는 데만 심혈을 기울입니다. 이에 대해 주님은 '너희는 박하와 회향과 근채에 대해서는 십분의 일을 바치라는 율법을 지키면서 정의와 자비와 신의 같이 중요한 율법은 대수롭지 않게 여긴다'고 하셨습니다. 하지만 유대인은 제자들이 곡식밭 사이로 지나면서 밀 이삭을 먹은 것뿐 아니라 안식일에 베푼 자비로운 일까지도 손가락질하였습니다.”

“주님은 유대인의 말처럼 안식일을 위반하셨나요?”

“그렇지 않습니다. 주님은 그 법에 합당한 의무를 이행하셨습니다. 유대 교회가 율법을 빌미로 더해 놓은 조항을 따르지는 않았습니다. 주님의 행동에는 뜻 깊은 의도가 있습니다. 안식일은 하나님께서 엿새 동안 창조 작업을 하시고 일곱째 날에 쉬신 것을 기념하기 위해 제정되었습니다. 창세기의 창조 작업은 영적 창조 즉, 인간 거듭남을 상징적으로 묘사하고 있습니다. 높은 의미로는 주님의 영화하심을 서술하고 있습니다. 다시 말해, 엿새 동안의 일은 어둠의 권세와 싸우시는 주님의 상태를 의미하지만 안식일은 영화하신 그분의 상태 즉, 그분을 따르는 사람에게 천국의 근원이 되심을 의미합니다."

"안식일에 이삭을 잘라 먹음은 어떤 의미인가요?"

"영화하심과 거듭남의 원리를 말합니다. 주님의 영화하심은 신성과 인성의 하나됨 입니다. 인간의 경우로 보면 겉사람이 속사람의 결합입니다."

"그러면 곡식 밭은?"

"밭은 교회를 의미합니다. 즉, 인간 마음의 상태입니다. 곡식은 영적 선을 상징하고, 제자들의 배고픔은 제자로써 천국곡식을 위한 영적 바램을 말합니다. 밭에 자라는 곡식은 마음에 심겨진 선을 의미합니다. 그러나 기억에 저장되기에는 아직 이른 상태의 선입니다. 다시 말해 실제적으로 생활에 적용된 상태는 아직 아닙니다. 제자들이 이른 상태의 이삭을 잘라 먹었다는 것은 완전 성숙된 상태가 아니라 기존에 이미 갖고 있는 선의 원리를 수용한 것을 의미합니다."

"바리새인은 예수께, '저것 보시오! 당신의 제자들이 안식일에 해서는 안될 일을 하였소' 라고 비난했습니다."

"바리새인은 엄격한 형식을 준수하는 것이 종교 생활이라고 여겼습니다. 이런 사상의 소유자들은 영적 원리에 대해서 언제나 이의를 제기합니다. 그러나 오히려 이렇게 이의를 제기하면 오히려 반대 질서를 분명하게 해줍니다. 안식일에 곡식 밭을 지나가는 것은 율법 위반이 아닙니다. 성경에 너희가 이웃의 곡식이 자라는 곳에 갔을 경우, 너희는 곡식 이삭을 잘라 먹을 수도 있다고 기록되었기 때문입니다(신23:25). 또 주님은 제자들의 행동에 대해 너희는 다윗의 일행이 굶주렸을 때에 다윗이 한 일을 읽어보지 못하였느냐? 하나님의 집에 들어가서 그 일행과 함께 제단에 차려놓은 빵을 먹지 않았느냐? 그것은 제사장 외에는 다윗과 그 일행이 먹을 수 없는 빵이었다고 말씀하셨습니다."

"그 말은 무슨 뜻인가요?"

"다윗이 하나님의 집에 들어가서 제사장으로부터 거룩한 빵을 받았다는 것은 주님의 인성과 신성의 연합을 의미합니다. 제사장은 신성을 의미하고 왕은 인성을 의미합니다. 인성은 하나님의 집으로 표현하는데, 집 안에 제사장과 왕이 있기 때문입니다. 그러니까 제사장이 다윗에게 거룩한 빵을 주는 것은 선과 진리가 하나됨입니다. 빵은 영혼의 양식인 선을 의미하는데 제사장이 다윗에게 빵을 줌은 선과 진리의 교통입니다. 그리고 교통의 결과는 연합입니다. 주님께서는 안식일에 성전 안에서는 제사장들이 안식일의 규정을 어겨도 그것이 죄가 되지 않는다는 것을 율법 책에서 읽어보지 못하였느냐고 반문하셨습니다."

☞ "주님께서 안식일에 기적을 베푸셨고 제자들이 이삭을 잘라먹은 행동은 주님께서 인간을 위해 제정하신 안식일과 설비하신 즐거움을 의미하고 있군요. 그러니까 쉼은 정지가 아니라 구원의 작업이군요. 주님께서 '잘 들어라. 성전보다 더 큰 이가 여기 있다고 하시고, 인자는 안식일의 주인이라' 고 하신 말씀은 무슨 의미인가요?"

"주님께서 성전보다 더 큰 이가 여기 있다고 말씀하셨는데 사실 이런 말씀은 유대인의 심기를 건드리는 발언입니다. 그리고 이 주장은 주님을 십자가에 처형하는 구실이 되었습니다. 이 말은 사흘 만에 성전을 재건하시겠다는 말씀을 빌미로 고발 당한 것과 관계가 있습니다(막14:58-64). 요한은 성전은 주님의 몸이라고 말했습니다(요2:21). 이런 구절은 얼마나 장엄한 말씀인지 모릅니다. 성전보다 더 큰 이가 주님 자신이라는 말씀은 영적으로 이해하면 그분이 본질적으로 진리일 뿐만 아니라 신성한 선이심을 가르칩니다. 그분은 우리 안에 있는 그분의 거처 차원에서 성전보다 더 크십니다."

"인자가 안식일의 주인이라는 것은 무엇을 의미합니까?"

"안식일을 제정하신 분이 안식일의 주인이십니다. 안식일의 주인이라는 말씀은 안식일이 의미하는 믿음과 행함, 사랑과 지혜, 선과 진리의 결합의 주인이심을 의미합니다. 다시 말해서 마음속에 선과 진리가 결합하는데 주인이시고, 또 완전한 모형이시라는 의미입니다. 다시 말해서 안식의 상태가 우리 마음속에서 형성될 때 즉, 주님 사랑이 근본 원리가 될 때 예수는 우리에게 실지로 안식일의 주인이 되십니다. 이런 영적 쉼과 평화는 우리 안에 어둠을 몰아내지 않으면 이루어질 수 없습니다. 우리의 거듭나지 않은 생각과 애정이 영원한 질서의 법칙에 복종하지 않고서는 절대로 안식이 달성될 수 없습니다. 그리고 달성된 상태가 안식일로 의미되고 이 날의 주인이 주님이심을 말씀합니다."

"그렇군요. 주님은 내 마음속에 믿음과 행함, 선과 진리가 하나되게 하시는 분이시군요. 주님을 찬양합니다. 그러므로 나는 이제 항상 주님을 사랑하는 일에 최선을 다하고자 합니다. 주님께서 영원한 안식으로 인도하시리라 믿습니다."

☞ "사도 요한은 아시아에 있는 일곱 교회에 편지를 쓴다고 했습니다. 요한은 주님의 사랑받는 제자입니다. 요한은 주님을 사랑하는 자의 대표입니다. 사랑의 원리를 가르치는 사람을 요한이라고 합니다. 요한의 말한 아시아의 일곱 교회는 지역 교회를 의미하는 것이 아니라 지상의 전체 교회를 의미하고, 보좌 주위에 있는 일곱 영은 주님의 영을 표현합니다. 일곱이란 숫자는 거룩한 숫자입니다."

"일곱 교회는 어떤 교회입니까?"

"교회는 주님의 몸입니다. 바울은 교회된 성도를 향해서 이렇게 말합니다. 여러분도 그리스도와 하나가 됨으로 완전에 이르게 됩니다. 그리스도는 하늘의 어떤 권세 보다 더 높은 분이십니다(골2:10). 진정한 교회는 사랑과 진리가 하나됨을 가지고 있는 모든 사람을 의미합니다."

"그러면 아시아 라는 말은 무엇을 의미하나요?"

"아시아 라는 단어는 지역적인 뜻보다 상징적인 의미가 있습니다. 사실 아시아는 인류의 요람과 같습니다. 아시아는 문명과 종교가 시작된 곳입니다. 기독 교회의 출생지도 아시아입니다. 아시아는 진리의 빛을 상징합니다. '아시아에 있는 일곱 교회'는 그리스도의 모든 교회를 말합니다."

"아시아 교회는 특정 장소에 있는 교회가 아니군요."

"네, 장소는 상태를 의미합니다. 교회라고 부르는 이유는 종교를 구성하는 원리 때문입니다. 종교가 있는 곳에는 교회가 존재합니다. 교회는 웅장한 건물이 아니라 생명 있는 종교 원리가 있느냐 입니다. 그 원리가 사라지면 교회라고 말할 수 없습니다."

"그런데 아시아 일곱 교회 형편은 어떤가요?"

"일곱 교회는 마지막 때의 교회입니다. 요한계시록에 소개된 대부분 일곱 교회는 결함이 있는 것으로 표현되었습니다. 교리, 삶의 문제 등 넓고 깊게 얼룩져 있습니다. 어떤 교회는 매우 심각하고 무시무시할 정도입니다. 그러나 주님께서는 일곱 교회는 각각 교회 본질 중 어떤 것을 가지고 있고, 회개로 회복될 수 있다고 말씀하십니다. 그들의 상태가 어떠하든 교회는 주님의 보호와 염려의 대상입니다. 요한은 주님의 특사로서 천국식 인사로 은혜와 평화가 있으라고 문안합니다."

☞ "일곱 영은 무엇인가요?"

"일곱 영은 거룩한 영입니다. 일곱으로 표현된 것은 일곱 교회에 관련되어 표현되었기 때문입니다."

"일곱이라고 말하니 여리고 성을 엿 새 동안 한 바퀴씩 돌고 이렛날에는 제사장 일곱이 수양 뿔 나팔을 들고 성을 일곱 번 돌고 나팔을 분 것을 기억합니다(수6:1-7)."

"숫자 7 은 거룩과 의를 위하여 투쟁 끝에 오는 성취와 완성을 뜻합니다. 수양 뿔을 부는 것은 순수한 영적 선의 능력을 의미합니다."

"우리도 수양 뿔을 불어야 하겠습니다. 그러면 순수한 영적 권세로 악한 마귀를 물리칠 수 있으니까 말입니다. 순수한 권세가 없으면 어떻게 될까요?"

☞ "주님께서 이런 비유를 하셨습니다. '더러운 귀신이 사람에게서 나갔을 때에 물 없는 곳으로 다니며 쉬기를 구하되 쉴 곳을 얻지 못하고 이에 이르되 내가 나온 내 집으로 돌아가리라 하고 와 보니 그 집이 비고 청소되고 수리되었거늘 이

에 가서 저보다 더 악한 귀신 일곱을 데리고 들어가서 거하니 그 사람의 나중 형편이 전보다 더욱 심하게 되느니라. 이 악한 세대가 또한 이렇게 되리라' 고 했습니다(마12:43-45). 이 구절은 표적을 요구하는 바리새인을 두고 하신 말씀입니다. 주님께서는 이들에게 표적을 줄 필요가 없다고 선언하셨습니다. 왜냐하면 그들이 회개를 하지 않기 때문입니다. 불결한 영이 어떤 사람 안에 들어 있다가 그에게서 나오면 물 없는 광야에서 쉴 곳을 찾아 헤매지만 찾지 못했다는 말은 표적의 영향력으로 한동안은 믿음이 있는 척 하지만 그러나 결국 이전보다 일곱 배나 더 강한 악한 영의 힘으로 되돌아온다는 것입니다. 이를 두고 물 없는 장소에서 쉴 곳을 찾으나 발견하지 못했다고 말했습니다."

"물 없는 곳은 무엇을 의미하나요?"

"물 없는 곳은 진리가 없는 황폐한 정신 상태를 말합니다. 내쫓긴 영은 쉴 곳을 찾아다녀 보지만 결국 황폐된 영혼이 된다는 말입니다. 다시 말해서 기적이나 표적같은 외부의 영향력으로 형성된 믿음은 쉴 곳이 찾지 못합니다. 생명력 있는 믿음은 내면으로부터 옵니다."

"표적이 주는 영향력이 사라지면 생명이 끊기나요?"

"네, 그렇습니다. 그래서 영은 이렇게 말합니다. '전에 있던 집으로 되돌아가야지' 그런데 그 집이 텅 비고 말끔하게 치워져 있고 잘 정돈되어 있었습니다. 모든 것이 텅 비어 있고 정리정돈 되었다는 것은 참되고 선한 모든 것이 결핍되어 있다는 표시입니다. 더불어 악과 거짓을 따를 준비가 되었음을 말합니다. 그래서 자기보다 더 흉악한 일곱 영을 데리고 들어가 자리를 차지합니다. 일곱은 완전한 숫자입니다. 더 흉악하다는 말은 불신앙과 신성 모독이 완전하게 확증된 상태입니다. 그러면 그 사람의 형편은 처음보다 더 비참하게 됩니다. 악한 세대가 그렇게 될 것이라고 했습니다. 세대는 악과 거짓이 집합된 모든 상태를 말합니다."

서로 나누기

☞ 배운 것을 삶에 적용할 수 있도록 서로 나눠봅시다.

●숫자 7 는 무엇을 의미하는가?

●안식일에 쉼은 무슨 의미인가요?

●안식일에 밀 이삭을 잘 먹음은?

●인자가 안식일의 주인이라는 의미는 ?

●생각해 보기●

주님은 내가 너희를 쉬게 하리라고 하셨습니다. 또한 사악한 자에게는 쉼이 없다고 했습니다. 그러므로 쉼은 오직 정의 안에서만 획득됩니다. 주님이 주는 쉼을 얻기 위해 우리는 죄의 길을 단념하고 회개의 열매를 가지고 그분께 나아가야 합니다. 주님은 짐을 지고 허덕이는 사람을 초대하시면서 그분의 멍에를 메고 배우라고 하십니다.

우리는 사탄의 멍에를 벗어 던지고 그리스도의 멍에를 져야만 합니다. 주님의 멍에를 멘다는 것은 우리의 자유 의지로 그분의 사랑을 받는 것이고, 그분에게서 배운다는 것은 이해로 그분의 진리를 받아들이는 것을 뜻합니다. 그분의 모델을 따르는 사람은 영혼으로 하여금 쉼을 발견하게 됩니다. 주님에게만 진정한 안식이 존재하기 때문입니다.

8

"숫자 8 은 어떤 의미가 있습니까?"

"숫자 8 은 2×4 로 이루어져 있습니다. 8 은 새로운 시작을 의미합니다. 2 는 결합, 4 는 충만을 의미합니다. 여덟 째 날은 일곱째 날이 지난 후 이어지는 첫 주의 시작입니다. 8 은 이전의 것과 구분되는 새로운 상태를 의미합니다. 팔일 째는 새로운 시작으로 충만한 상태입니다. 남자들이 팔일 째 되는 날에 할례 받는 이유는 새로운 시작이기 때문입니다."

"왜 여덟째 날과 할례는 깊은 관계가 있군요(레12:3)."

"팔 일째 되는 날 포피를 잘라 할례를 행하는 것은 거듭남의 새로운 상태가 개시되기 때문입니다. 즉, 자연인 상태의 모든 불순물이 제거되는 상태를 의미합니다."

"할례는 무엇을 말하나요?"

"할례는 하나님이 사람과 더불어 만든 계약의 표입니다(창 17:10). 하나님께서 아브라함에게 할례를 행하도록 명령하셨습니다. 이것은 육적인 욕망과 불순한 사랑으로부터 마음이 깨끗해짐을 의미합니다."

"그러면 할례는 오늘날 무엇이라고 말할 수 있나요?"

"할례는 삶이 새로워지는 것입니다. 깨끗해짐은 오늘날 세례입니다. 세례는 교인로 받아들인다는 표시(sign)입니다. 이는 마음과 삶이 깨끗해짐을 의미하며 이를 수단으로 인간은 새 창조물이 되어갑니다. 주님이 베푸신 기적은 이런 영적 의미를 가졌습니다. 질병의 치유는 곧 죄의 제거와 정의로운 삶을 받아들임을 의미합니다."

"아! 기적은 바로 그런 의미가 있군요. 유대인들은 안식일에 할례 의식을 행하였습니다. 그리고 그들은 주님께서 안식일에 기적을 행하신다고 하여 비난을 했습니다."

"주님께서 안식일에 기적을 행하는 것을 본 유대인들의 비난에 대해 주님은 왜 안식일에 그 기적이 수행되어도 율법을 위반하는 게 아닌지에 대한 이유를 이렇게 제시하십니다.

'모세가 할례 법을 명령했다고 하여 너희는 안식일에 사내아이들에게 할례를 베풀고 있다. 너희는 이렇게 모세의 율법을 어기지 않으려고 안식일에 할례를 베풀면서 내가 안식일에 사람 하나를 온전하게 고쳐 주었다고 하여 그렇게 화를 내는 것이냐'... 하지만 유대인들은 안식일에 치유하시는 주님을 비난하느라 혈안이 되었습니다."

"아 그렇군요. 율법의 글자에 노예가 된 완악하고 불쌍한 유대인의 모습이군요."

"그렇습니다. 또 주님은 침묵하고 있는 군중에게 이런 권면을 하십니다. '겉모습을 보고 판단하지 말고 공정하게 판단하라' 이 말씀은 오늘날 우리들에게도 가장 절실하고 유익한 충고입니다. 법의 글자에 노예가 되어 있는 유대인들은 예수의 복 주시는 일이 문자 법에 어긋난다고 정죄했습니다. 기적이 안식일에 행해졌기 때문입니다."

"오늘날 교회 내의 시비를 사회 법정에 고소와 고발을 하고 있습니다. 교회법에 위법인지 아닌지를 따지고 묻는 일을 세상 법정에 의뢰하여 시간과 정열을 낭비하고 있습니다. 더욱 심각한 것은 공개적으로 방송에 까발려 신상 털기를 다반

사로 합니다. 마치 인민 재판하듯이 말입니다."

"중요한 것은 법의 정신입니다. 유대인들은 그 정신을 소홀히 할 뿐 아니라 어기기까지 하였습니다. 정의나 판단하는 것은 영적인 의미로만 알 수 있습니다. 하지만 이것까지도 자신이 그 의미에 순종하지 않고서는 공정하게 판단할 수 없습니다. 공정하게 판단하기 위해서는 먼저 자신이 정의로워져야 합니다."

"자신이 정의로워져야 한다고요?"

"정의로워지기 위해 우리는 선과 진리, 또는 믿음과 행위를 가져야 하고, 공정하게 판단하기 위해서는 선과 진리가 하나된 상태에서 판단해야 합니다. 다시 말해서 행위가 온전하지 않은 상태에서는 아무도 판단해서는 안 됩니다."

"태어난 지 팔 일 만에 할례를 받으라는 말은?"

"팔 일된 아들은 깨끗해짐의 시작을 의미합니다. 팔 일은 시작을 말합니다. 팔 일째 되는 날은 새로운 날입니다. 이것은 어떤 시작을 의미합니다. 할례가 깨끗함을 의미하듯이 팔 일째 날은 깨끗함의 새로운 시작이 되어야 한다는 말입니다. 아브라함은 이삭이 태어난 지 팔일 만에 하나님이 명령하신

대로 할례를 행하였습니다(창21:4). 팔일이 된 것은 진리의 새로운 시작을 의미합니다. 즉, 하나님께서 명령하신 바, 신성한 질서에 따라서 살아감을 의미합니다."

☞ "소와 양을 이레 동안 어미와 함께 있게 하다가 팔일 만에 내게 줄지니라는 구절이 있습니다(출22:30)."

"소와 양의 이레는 충만한 상태이고, 팔일 째 날에 여호와께 바쳐진 이유는 여덟 째 날은 새로운 선의 시작을 의미합니다. 다시 말해서 인간이 외적으로나 내적으로 선하게 살아가는 것을 의미합니다. 내게 준다는 말은 주님과 함께 있는 것을 의미합니다."

"아! 선의 시작을 말하는군요. 탕자가 아버지 집에 돌아왔을 때 송아지를 잡아서 잔치를 벌였다는 말이 그 의미군요. 선하게 사는 것이 주님의 뜻이군요. 요한계시록에 전에 있었다가 지금 없어진 짐승은 여덟째 왕이니 일곱 중에 속한 자라 그가 멸망으로 들어가리라는 말의 의미는(계17:11)."

"이런 구절은 마치 수수께끼와 같습니다. 이런 언어는 교훈적인 의미를 지니고 있습니다. 숫자 일곱은 거룩을 의미합니다. 여기서 짐승이 여덟째 왕이고 일곱 속에 있었다고 했습니다. 짐승이 여덟 째 왕이라 불리는 이유는 왕은 진리를 의미하고 숫자 여덟은 선을 의미합니다. 이 말씀은 선과 진리가 하나됨 입니다. 전에 있었다가 없어진 짐승은 말씀의 진리가 이전에는 신성이었다가 지금은 신성 모독이 되었다는 뜻입니다. 그러므로 교회의 의무는 말씀을 순수하게 보존하면서 가르치는 것, 말씀이 높여지고 확대 되도록 해야 합니다. 그렇지 않으면 진리가 변질되어 신성 모독이 되어 버립니다. 자만하여 말씀을 종교적 지배의 수단으로 사용할 때 과연 교회는 어떻게 되겠습니까? 교회는 영원한 진리와 영원한 생명되는 말씀을 잃어버리고, 결국 땅에 떨어지지 않겠습니까? 그러므로 오늘 교회에서 존경받는 위치에 있다면 조심해야 합니다. 누구든지 의도가 순수하지 못하면 반드시 진리를 모독하는 단계로 접어들기 때문입니다. 그러므로 자신의 말과 행위를 늘 점검해야 합니다. 세속의 더러운 때가 묻었는지 확인하고 또 회개해야 합니다."

서로 나누기

☞ 배운 것을 삶에 적용할 수 있도록 서로 나눠봅시다.

● 숫자 8 은 무엇을 의미하는가?

● 왜 8일 만에 할례를 행하는가?

● 소와 양을 8일 만에 제사를 드리는 이유는?

● 생각해 보기 ●

겨자씨는 모든 씨 중에서 가장 작은 씨입니다. 영적 삶에서 지극히 작은 시작을 표현합니다. 하지만 진리의 씨가 인간 마음에서 거처할 곳을 발견하면 그때부터 선의 열정이 불타오릅니다.

인간이 주님의 말씀 속에 있는 진리를 배움으로 죄악을 금할 때 즉, 자기 생각 대신에 진리가 삶을 통치하도록 결심할 때, 거듭남이 시작됩니다.

주님은 우리가 선을 행하겠다고 작정하면 선을 발달시켜 주십니다. 우리가 악을 단절하겠다는 결심과 함께 곧 선이 개선됩니다. 그러면 진리의 씨는 나무로 성장하고 마음속의 새들은 거기서 쉴 곳을 발견하게 됩니다.

우리가 주님의 선과 진리를 사랑할 때 풍성한 나무로 성장하게 됩니다.

9

"아홉의 의미는 무엇입니까?"

"숫자 9 는 결합을 의미합니다."

"주님께서 하늘나라를 말씀하시면서 이런 말씀을 하십니다. 하늘나라는 자기 포도원에서 일할 일꾼을 고용하려고 이른 아침에 집을 나선 어떤 포도원 주인과 같다. 그는 일꾼들과 품삯을 하루에 한 데나리온으로 합의하고, 그들을 자기 포도원으로 보냈다. 그리고서 아홉 시쯤에 나가서 보니, 사람들이 장터에 빈둥거리며 서 있었다. 그는 그들에게 말하기를 '여러분도 포도원에 가서 일을 하시오. 적당한 품삯을 주겠소' 하였다. 그래서 그들이 일을 하러 떠났다. 주인이 다시 열두 시와 오후 세 시쯤에 나가서 그렇게 하였다."

"무슨 의미인가요?"

"포도원 일꾼의 비유는 넓은 의미에서 유대인과 이방인의 부르심과 관계됩니다. 유대인은 포도원에서 맨 처음 부름받은 일꾼이고, 이방인은 오후 다섯 시에 부른 일꾼입니다. 내적 의미에서 이 비유는 복음의 보편적 부르심과 그 부르심에 응답한 이들의 다른 품성에 관계하고 있습니다. 맨 처음 부름받은 사람부터 마지막에 불리운 사람까지 모두 이웃 사랑의 사람들입니다. 이웃 사랑의 사람들은 품삯을 줄 거라는 포도원 주인의 확답에 만족합니다. 그러나 각자의 보상에 대해 처음 일꾼은 불평했고, 다른 일꾼들은 만족합니다."

"일꾼들은 3시, 6시, 9시에 부름받았군요. 서로 다른 상황을 의미하나요?"

"네, 일꾼들은 부름 받은 시간대가 다릅니다. 처음 일꾼은 아침에, 두 번째 일꾼은 한 낮에, 마지막 일꾼은 해질 무렵에 고용되었습니다. 시간은 상태를 의미합니다."

"이른 아침에 집을 나선 포도원 주인은?"

"집주인이 이른 새벽에 나감은 거듭남의 시작을 의미합니다. 거듭남은 겉사람을 속사람과 일치시키는 것을 말합니다.

노동은 곁사람이 거듭나는 것입니다. 이런 작업의 시작은 인간이 일상 생활에 종교를 적용할 때부터 시작됩니다. 삶의 모든 부분 즉, 어려움을 당할 때나 기쁠 때나 매사에 하나님을 찾아야 한다는 말입니다. 거듭남은 집 밖을 나와 장터와 포도원에 나갈 때부터 시작됩니다. 거듭나는 사람은 집주인처럼 세상속으로 갑니다. 즉 마음속 원리가 삶의 현장으로 나가서 여러 자질과 함께 행동합니다. 이런 식으로 삶의 목적을 수행하여 정의라는 열매를 산출합니다. 이른 아침, 거듭남의 새벽은 이런 일의 시작을 말합니다."

"아! 일꾼은 무엇을 의미하나요?"

"일꾼은 기억 속에 머문 진리입니다. 기억 속 진리는 높은 가치를 위해 일해 본 적이 없는 진리입니다. 집 주인이 일찍 집을 나선 목적은 포도원을 가꿀 일꾼을 구하기 위해서였습니다. 그는 일꾼들과 하루 품삯을 한 데나리온으로 정하고 그들을 포도원으로 보냅니다. 이는 정신 발달 과정으로 생각해 볼 수 있습니다. 집과 포도원 그리고 장터로 의미된 세 자질 중에는 높은 상태과 낮은 상태가 존재합니다."

"아홉시에 나간 것은 무엇을 의미하나요?"

"집 주인은 첫 번째로 고용된 일꾼 외에 각기 다른 시간대에 일꾼을 계속 채용합니다. 하루라는 시간은 아침부터 저녁까지 진전합니다. 사람들은 아침, 정오, 저녁, 밤이라는 자연계의 시간 간격 외에도 세분해서 시간대를 구분합니다. 시간은 서로 구분되는 성품과 다른 경험입니다. 집 주인이 일꾼을 채용하러 나간 하루는 세 시간 간격으로 나뉘었습니다. 주인은 제 3시, 제 6시, 제 9시에 나갔습니다. 이렇게 진전되는 시간은 진보하는 상태를 표현합니다. 전진하는 시간대는 정신적 상태를 언급할 뿐 아니라 각 상태의 품질과 특성을 의미합니다. 숫자 3 은 믿음의 상태를 의미합니다. 거듭나는 사람은 이런 상태들을 통과하면서 숫자 6 의 시험을 거치면서 더욱 순수해집니다. 그리고 9 가 의미하는 결합에 의해서 완전해 집니다. 그리고 사람이 되어 가는 작업의 끝에 품삯의 지불이 있습니다. 즉, 우리가 거듭나야 하는 삶을 마무리 지을 때, 막판에 와서 일한 일꾼이 맨 먼저 품삯을 받습니다. 가장 높고 내적인 것이 천국 생명을 맨 먼저 느낍니다."

서로 나누기

☞ **배운 것을 삶에 적용할 수 있도록 서로 나눠봅시다.**

- 숫자 9 는 무엇을 의미하는가?
- 3시, 6시, 9시는 무슨 상태를 의미하나요?
- 일꾼은 무엇을 의미하나요?

●생각해 보기●

한 여인이 주님의 겉옷을 만지기만 했는데도 12년 간 앓아 왔던 혈루증이 치료되었습니다. 혈루증은 피가 밑으로 흘러 나가는 병은을 말합니다. 진리가 자신의 마음 밖으로 빠져 나가 영적으로 쇠약해져 가는 사람을 말합니다.

우리가 주님의 음성에 귀를 기울이고 그분께로 나아가면 우리가 앓고 있는 영적인 하혈증을 치료 받을 수 있습니다.

여인은 주님의 겉 옷을 만졌습니다. 주님의 겉 옷은 하나님의 법이 가장 바깥쪽 형태에 임한 계명에 해당됩니다. 진리를 함축하고 있는 말씀을 의미합니다.

피는 진리를 의미합니다. 피가 우리 몸 안을 순환하며 몸 안의 모든 기관과 세포에 활력을 공급하듯이, 진리 역시 우리의 마음을 순환하여 마음의 모든 부분에 생명력을 공급해 줍니다.

10

"숫자 10 은 무엇을 의미하나요?"

"숫자 10 은 남은 자 즉, 그루터기(remains)를 의미합니다. 10 은 신성한 상태를 의미합니다. 하나님께서 이스라엘 백성에게 십계명을 주셨습니다. 그리고 백성의 소출 중 십분의 일을 요구하셨습니다. "

"그루터기가 무엇입니까?"

"그루터기는 선과 진리가 마음속에 형성되어 싹튼 것입니다. 주님은 이것이 마음에 뿌리 내리도록 하셨습니다. 그루터기는 거듭나기 위하여 삶의 기초를 이룹니다."

"그루터기 이식은 인생에서 언제 필요합니까?"

"그루터기는 주님께서 거듭남을 위해 준비해 놓으신 것입니다. 왜냐하면 누구든지 그루터기 없이는 거듭남이 불가능하기 때문입니다. 마치 어려서 기초 교육을 제대로 받으면 총명한 사람이 되는 것과 같습니다. 그루터기는 거듭나는 영혼에게 이식되어 거듭남의 기초를 형성하고 새로운 삶으로 변화됩니다. 그래서 선지자 이사야는 만군의 여호와께서 우리를 위하여 그루터기를 조금 남겨 두지 아니 하셨더면 우리가 소돔 같고 고모라 같았을 것이라고 말했습니다(사1:9)."

"그루터기는 거듭남의 기초이군요."

"그렇습니다. 그래서 사도 바울은 이사야의 말을 인용해서 말하기를 이스라엘 자손들의 수가 비록 바다의 모래 같을지라도 남은 자만 구원을 받는다고 했고(롬9:27), 지금도 은혜로 택하심을 따라 남은 자가 있다고 말했습니다(롬11:5)."

"아! 남은 자가 그루터기이군요. 그렇다면 교회가 망한다고 할지라도 그루터기는 보존된다는 말이군요. 타락한 인간들이 거듭나는데 그루터기가 도화선을 이루나요?"

"그렇습니다. 그루터기는 새로운 상태, 거듭남의 시작을 형성합니다. 그루터기는 주님께서 인간 내면에 저장해 놓으신 선과 진리입니다. 이를 수단으로 사람은 주님으로부터 선과 진리를 받습니다."

"그 과정이 어떻게 되나요?"

"그루터기를 획득하는 과정은 이렇습니다. 모든 인간에게는 유아기 시절 순진무구 상태가 있습니다. 그리고 성장하면서 순수의 상태에서 이웃 사랑의 상태로 넘어가게 됩니다. 청년기에는 이웃을 위한 삶을 실천하게 됩니다. 이때 진리를 통해 순수한 마음이 선한 품질로 성숙하게 됩니다. 다시 설명하면, 그루터기가 진리로 훈육되기 위해서는 세 가지 종류로 나뉘어집니다. 태어날 때부터 10세 정도까지인데 순진무구 상태를 말합니다. 또한 10세에서 20세까지인데, 뭔가를 이해하고 깨닫는 상태입니다. 그 다음 20세 이후인데, 삶에서 진리를 검토하고 반영하는 합리성을 추구하는 상태입니다."

"아! 그루터기가 진전하는 과정이군요. 마치 봄철에 따뜻한 햇빛과 온기로 씨에 싹이 나는 것과 같군요."

"그렇습니다. 인간이 생명의 근원으로부터 사랑과 진리의 빛을 받으면, 씨에 싹이 나는 것처럼 거듭나게 됩니다. 주님도 그 과정을 거치셨습니다. 주님은 육체로 이 땅에 오셔서 시험을 이기시고 거듭나는 과정을 통해 영화 되셨습니다. 그 분은 불완전한 인간의 상태를 전수 받았지만 거듭남을 통해 완전을 이루셨습니다. 그 분과 우리와 차이점은 그분에게는 모든 충만과 완전함이 있다는 것입니다."

"예수는 몸과 지혜가 자라면서 하나님과 사람의 총애를 많이 받았다고 했습니다(눅2:52). 하지만 주님께서 성장하셨던 갈릴리 지역 사람은 주님을 거부했습니다. 예수께서 예언자는 자기 고향에서 존경을 받지 못한다고 하셨는데 이 대목은 이해하기 어렵습니다(눅4:24)."

"예수께서 성장하셨던 갈릴리에 가셨다는 구절은 아름다운 진리가 담겨 있습니다. 주님의 생애는 엄밀하게 말해서 우리 마음의 생애와 같습니다. 그 분은 우리 마음속에서 성장하십니다. 우리의 생각이 진리로 개선될 때 우리 안에서 그분의 지혜와 총명이 증가합니다. 다시 말해서 거듭남의 단계를 통과하는 이들의 마음속에는 주님의 삶이 들어 있습니다."

"사도 요한이 이런 소리를 들었습니다. 보좌에서 큰 음성이 나서 이르되 보라 하나님의 장막이 사람들과 함께 있으매 하나님이 그들과 함께 계시리니 그들은 하나님의 백성이 되고 하나님은 친히 그들과 함께 계신다고 말입니다(계21:3).”

“하나님의 장막이 사람들과 함께 있다는 말은 말씀의 영적 의미가 열린다는 뜻입니다. 영적 의미가 열려지게 되면 마음속에 새로운 교회가 세워집니다.”

“말씀의 속뜻 말인가요?”

“네 속뜻이 열리면 새로운 교회가 시작됩니다. 새로 시작되는 교회는 진리의 속뜻을 받아들인 교회입니다. 즉, 영적 의미를 가진 교회입니다. 오늘날 교회는 영적 의미를 찾으려고 하지 않습니다. 말씀의 문자에만 치중합니다. 단지 소수만이 그런 연구에 심혈을 기울입니다. 영적 의미는 그루터기와 같습니다. 그 진리는 주님께서 감춰두시고 아껴놓으신 것입니다. 이것이 마음속 새로운 교회의 시작이 됩니다. 예컨대, 유대 교회의 마지막이 기독교의 처음이었습니다. 사실 기독 교회의 진리는 이미 유대교회에 모두 공개되었던 것입니다. 그리고 유대교인 중 일부는 주님이 오셔서 말씀하신 진리를 영접했습니다. 예전 선조들이 가졌던 선하고 진정한 것을 받아들였습니다.”

“그렇군요. 하나님의 장막이 사람과 함께 한다고 했는데,

장막은 무엇을 의미합니까?"

"장막과 성전은 주님의 인성을 의미합니다. 장막과 성전을 구분해서 의미를 알아보면 성전은 진리 측면을 말하고 장막은 사랑 측면의 주님을 의미합니다. 하나님의 장막이 사람들과 함께 있다는 소리는 주님께서 사람들 사이에 현존하신다는 기쁜 소식입니다. 그 소리는 천국으로부터 선포되었습니다. 하나님의 장막은 주님의 영광스런 몸을 의미합니다. 교회는 그분의 신비한 몸입니다. 장막은 주님께서 거하시는 우리 안의 장소를 상징합니다. 이는 하나님의 장막이 인간과 더불어 영원히 거하는 그분의 인성을 의미합니다. 따라서 장막의 형태는 우리의 삶으로 인격을 형성합니다. 그리고 장막의 세부 사항은 인간을 위한 의미들로 가득 차 있습니다. 예컨대, 지성소와 성소, 울타리가 있습니다. 이 구역은 인간의 의지와 생각과 행동을 상징합니다."

서로 나누기

☞ 배운 것을 삶에 적용할 수 있도록 서로 나눠봅시다.

● 숫자 10는 무엇을 의미하는가?

● 그루터기는 인생에서 언제 필요한가?

● 내 마음속에 주님의 생애가 있다는 말은 무슨 뜻인가?

● 하나님의 장막이 사람과 함께 있다는 말은?

● 자신에게 순수했던 그루터기가 작동한 경우가 있었다면 언제인가?

●생각해 보기●

숫자 10은 주님께서 우리 안에 아껴두신 신성의 그루터기입니다. 구체적으로 설명하면 현대 교회는 말씀의 문자에만 치중합니다. 그러나갓난아이 때 우리 속에 담아 두신 순수하고 선한 마음을 말합니다.

우리는 간혹 주위에서 전과자로 전락해 버린 어떤 사람이 어느 날 어머니의 따뜻한 마음을 생각하며 어린 시절의 순진했던 자신의 상태를 회상하면서 자신의 처한 상황을 바꾸겠다고 결심하여 인생역전을 이루는 것을 보게 됩니다.

이것이 바로 어린 시절에 우리 속에 "아껴두신 것" 을 통하여 주님께서 어떻게 역사하시는가를 보여주는 예입니다.

고로 주님은 우리속의 선함을 들어 사용하셔서 우리를 구원하시려고 언제나 노력하고 계십니다.

12

"숫자 12 는 무엇을 의미합니까?"

"숫자 12 는 다양한 진리의 상태를 의미합니다. 즉, 진리와 믿음이 풍부하고 가득한 복합적 상태입니다. 12 는 사랑과 믿음으로부터 존재하는 모든 것을 말합니다."

"요한이 환상 중에 높은 산에 올라가 거룩한 성 예루살렘을 보았습니다. 그런데 그 성에 열두 문이 있고 열두 천사가 있으며 그 문들 위에 이스라엘 자손 열두 지파의 이름이 있다고 했습니다. 열두 문은 무슨 의미인가요?(계21:12-17)."

"각 대문마다 천사가 한 명씩 있었고 이스라엘 자손 열 두 지파의 이름이 하나씩 적혀 있었습니다. 그 대문은 동쪽에 셋, 북쪽에 셋, 남쪽에 셋, 서쪽에 셋이 있었습니다. 문은 출

입을 위한 수단입니다. 예컨대, 인간의 감각(senses)은 영혼과 육체의 출입구 입니다. 감각을 통해서 영혼은 바깥 세계와 교통합니다. 감각은 마음과 육체에게 친구와 적을 구별하여 수용할 것인지 거부할 것인지를 가르쳐 줍니다. 영혼은 감각을 통해서 지각하고 판단합니다."

"문은 무엇을 의미합니까?"

"문은 지식을 말합니다. 지식 자체는 엄밀히 말해서 종교가 아닙니다. 그러나 지식 없이는 종교가 존재할 수 없습니다. 우리가 모르는 것을 믿을 수 없기 때문입니다. 지식은 우리로 선과 악, 진리와 거짓을 식별하고 판단할 수 있도록 해서 이것은 선택하고 저것은 거절하도록 도와줍니다. 예를 들어 성경 지식은 천국을 판단하도록 해줍니다. 세속적 지식도 마음을 정화시켜주기도 합니다. 그러나 세속 지식은 종교에 대해 찬성하기도 하고 반대하기도 합니다. 오직 말씀으로부터 파생된 지식만이 교회로 안내하는 역할을 합니다. 이런 지식이 거룩한 성의 문입니다."

"그런데 문이 열둘이라고 했습니다."

"숫자 12 는 새 예루살렘성의 구조와 형체가 얼마나 큰지를 가능하게 하는 숫자입니다. 열둘은 열두 지파와 열두 사도와 관계를 맺고 있는 숫자입니다. 지파와 사도는 교회의 모든 원리를 표현합니다. 열두 문은 교회의 모든 원리에 관한 지식을 의미합니다.”

“그러면 문마다 천사가 있다는 말은?”

“종교적 지식 그 자체는 사람을 구원해줄 힘이 없습니다. 진리는 땅에서 솟아오르고 정의는 천국에서 내려온다는 말이 있습니다. 진리와 정의가 하나될 때 믿음이 생산됩니다. 우리는 지식에 의거하여 믿음을 갖습니다. 사람이 진정 마음으로 선하고 참된 것을 갈구한다면 그런 방향으로 지식을 획득하게 됩니다. 각 사람의 마음속에 있는 애정과 생각은 문에 있는 천사들입니다. 생각과 애정은 영혼의 성직자이고 안내자입니다. 생각과 애정은 지식을 수단으로 선과 악, 진리와 거짓을 구별해서 허용 혹은 금지를 선택하도록 이끕니다. 천사는 선한 애정과 선한 생각으로 진리를 추구하도록 도와줍니다. 고로 선한 애정과 선한 생각은 생명나무로 가는 길목으로 인도하는 대문입니다. 새 예루살렘의 문에는 이스라엘 열두 지파의 이름이 적혀 있습니다. 열두 천사와 이스라엘 열두 지파는 선과 진리를 상징합니다. 천사는 천국의 원리를 말하고 열두 지파는 교회의 원리를 의미합니다."

"열두 문이 동쪽에 셋, 북쪽에 셋, 남쪽에 셋, 서쪽에 셋이 있다는 말은?"

☞ "문이 동서남북으로 있다는 것은 선과 진리의 수준이 모두 다르다는 것을 의미합니다. 주님은 영원한 생명을 사모하는 상태에 맞게 인도하십니다. 교회는 보편적 혹은 포괄적으로 진리를 사랑하는 마음을 가진 이들을 받아들입니다. 교회는 지식을 수단으로 교회로 이끕니다. 그러므로 종교가 애매하고 어정쩡하게 맹목적인 믿음만을 부추겨서는 안 됩니다. 그런 종교는 사람들을 광신 혹은 미신적으로 이끌며, 오로지 자기 사랑에만 집착하며 탐욕에 절은 우상에 불과합니다."

"동서남북은 무엇을 뜻하나요?"

"남과 북은 진리 측면의 상태, 동과 서는 사랑 측면의 상태를 의미합니다. 그러므로 지성적으로 인도되는 모든 사람은 남문과 북문으로 갑니다. 실천적으로 인도되는 사람은 동문과 서문으로 갑니다. 문이 위치하는 네 방위에 관한 상징적 의미는 태양을 중심으로 이해합니다. 동과 서는 아침과 저녁, 남과 북은 낮과 밤으로 구별할 수 있습니다. 성경에 모든 민족은 동서남북 사방에서 모여든다고 했습니다(눅13:29)."

"열두 문이란?"

"각 문마다 세 개가 있습니다. 숫자 3 은 세 개가 완전한 하나임을 의미합니다. 세 겹은 상태에 관련된 모든 것을 의미합니다. 일반적으로 하나에는 세 가지 상태를 형성합니다. 예컨대, 어떤 이는 종교 생활에서 의지 측면에 더 접근하고, 어떤 이는 이해 측면으로, 어떤 이는 행동으로 접근합니다. 이런 식으로 사람마다 상태가 다릅니다. 이스라엘 열두 지파가 있다고 했는데, 그중 세 지파가 한 묶음으로 동서남북 네 개가 되어 열두 문을 구성합니다. 각 세 지파는 삶을 하나 되게 하는 세 원리 즉 사랑과 믿음, 순종을 의미합니다."

"도성의 성벽에는 열두 주춧돌이 있고 주춧돌에는 어린 양의 열두 사도의 이름이 하나씩 적혀 있다고 했습니다."

"열 두 사도의 이름은 신약 성서에 있는 진리를 의미하고 열두 지파는 구약 성서의 진리를 표현합니다. 어쨌든 열두 사도와 열두 지파의 의미는 본질적으로 같습니다. 사도들은 교회를 건설하는 직접적인 도구입니다."

☞ "새 예루살렘을 보여주었던 천사는 금 갈대자로 도성의 크기를 잿습니다. 그 도성은 네모 반듯했고 그 길이와 넓이가 같습니다. 그가 측량자로 그 도성을 재어 보았더니 길이와 넓이와 높이가 똑같이 만 이천 스다니온이라고 했습니다. 무슨 의미인가요?"

"네모 반듯한 정사각형에 관한 비유는 도덕적으로 완전한 인격을 암시합니다. 도덕은 자연인의 종교입니다. 진정한 종교는 영적인 수준에 도달해야만 종교라고 할 수 있습니다. 종교의 품성을 가름하는 데는 두 가지 요소가 있습니다. 즉, 선과 진리입니다. 선은 의지적이고 진리는 이해적입니다. 네모 반듯한 것은 의지와 이해, 두 요소가 균형을 이룬 것을 말합니다. 고로 도성의 길이와 넓이는 의지와 이해입니다. 거룩한 도성의 길이는 동쪽에서 서쪽까지, 넓이는 북에서 남쪽까지를 말합니다. 이는 사랑과 지혜 또는 선과 진리에 관계됩니다. 12,000 스다니온은 완전한 치수입니다. 12 는 진리 측면에서의 완전한 치수이고 1,000은 선 측면에서 완전한 치수를 의미합니다."

"천사가 성벽을 재어 보았더니 사람의 자로 백 사십 사 척

이었습니다. 이 자는 천사의 자라고 했는데 그 의미는?"

"성벽은 방어하기 위한 울타리입니다. 성벽은 교회를 보존하는 모든 요소를 말합니다. 이런 방어와 보존은 문자의 진리를 수단으로 이루어집니다. 성벽의 치수는 십계명을 상징하기도 합니다. 144 는 12×12 입니다. 144 는 도성의 길이와 넓이 안에 함축된 품질을 의미합니다. 성벽이라고 함은 선과 진리에 관한 교리가 교회의 원리를 방어해 주기 때문입니다. 고로 사람의 잣대가 천사의 자라고 할 때만이 참된 교회가 될 수 있습니다."

"결국 선과 진리의 삶이 진정한 종교 생활이라고 말할 수 있겠군요. 그래야만 천국에 이를 수 있고요. 요한이 본 환상 중에 이마에 도장 받은 숫자가 십사만 사천 명이었으며 이마에 도장을 받은 자들은 이스라엘 자손의 모든 지파에서 나온 사람들이라고 했는데, 그 의미는 무엇인가요?(계7:4)."

"이스라엘의 열두 지파는 세상 교회에서 주님을 성실히 섬겼던 이들을 상징합니다. 이제 그들은 천국에 있는 교회로 영접되고 있습니다. 교회의 본질은 원리입니다. 진정한 교회는 천국의 원리를 삶의 안내자와 생명으로 여기는 이들로 구성됩니다. 이스라엘 열두 지파는 인간 마음에서 하나님의 나라를 형성하는 모든 품위를 의미합니다. 교회의 원리는 사실 몇 가지에 불과합니다. 이 원리에는 무엇보다 먼저 하나님을 사랑하고 이웃을 제 몸같이 사랑하라는 명령입니다. 두 계명은 모든 율법과 예언의 대강령입니다. 율법과 예언은 가르치고 복음은 이를 확증합니다. 예수께서 오신 것은 율법의 폐지가 아니라 율법의 완성입니다. 그분께서는 율법이 제자들에 의해 더 높이고 존경 받도록 하셨습니다. 이 원리들이 교인에 의해 실제적으로 실천되고 있습니다."

☞ "이마에 도장 받은 144,000명은?"

"도장 받은 열두 지파는 교회와 천국을 상징합니다. 숫자 열둘은 전체 멤버입니다. 도장 받은 숫자는 양보다 질적인 숫자입니다. 지파들로부터 도장 받은 144,000명(12×12,000)명은 교회와 천국의 원리입니다. 천국은 어중이 떠중이들이 모여서 이룬 나라가 아닙니다. 그저 군중이 모인 곳이 아니라 완전한 조직체입니다. 교회는 그리스도의 몸이라고 했습니다. 사람의 육체처럼 그 안에 있는 멤버는 제 위치에서 자신에게 적합한 기능을 발견하고 그 기능을 효과 있게 하여 제 수준에 맞는 행복으로 나아갑니다."

"듣고보니 주님 사랑과 이웃 사랑의 원리로 살아야 하겠군요. 진정으로 그렇게 되기를 원합니다. 그 원리가 확실하고 그 원리로만 천국에 이를 수 있다면 어떤 희생이라도 감내해야 하겠습니다. 내 욕심과 정욕으로 살아왔던 삶이 얼마나 후회되고 어리석었는지 이제라도 회개합니다. 주님의 도우심이 필요합니다. 주님께서 떡과 물고기로 축사하신 후 제자들에게 주었을 때 여자와 어린이 외에 오천 명이 배불리 먹고 남은 조각이 열두 바구니에 차게 거두었다고 했습니다. 그 의미가 무엇인가요?" (마14:20-21).

"사실 이 기적은 창조를 생각하면 설명하기 어려울 이유가 없습니다. 보이는 물질은 보이지 않는 영으로부터 만들어졌습니다. 물질은 영을 덮는 자연계의 형체입니다. 영계를 통해 자연계 안에 생산됩니다. 어쨌든 자연계라는 영역에 내려온 영적 원리는 물체에 옷 입혀져서 추상적이던 것이 구체화되었습니다. 주님은 이런 원리의 근본이 되십니다. 만물은 그분에 의해 만들어졌으며 그분 없이 생겨난 것은 하나도 없다고 했습니다(요1:3)."

☞ "그러면 오병이어 기적의 영적 의미는 무엇인가요?"

"그것은 선과 진리의 일을 의미합니다. 그러니까 우리 속에 남아 있는 선과 진리가 제 아무리 작다고 해도 그분의 영향 아래 놓이게 되면 무한하게 증가할 수 있다는 것을 말해주고 있습니다. 영적 원리는 영혼의 요구를 모두 충족시켜 줄 수 있을 뿐 아니라 남기까지 합니다. 그래서 남은 조각을 주워 모으니 열두 광주리에 가득 찼다고 한 것입니다."

☞ "열두 광주리 속에 있는 빵조각은 무엇을 의미하나요?"

"남아있는 열두 광주리의 빵조각은 충만한 가르침을 의미합니다. 우리에게 주어진 선과 진리가 충만함을 의미합니다. 이는 남아있는 것이 얼마나 풍부한 지를 암시하고 있습니다. 선은 배불리 먹으면 먹을수록 더 많이 남습니다. 그러므로 선을 사모하게 되면 우리의 마음이라는 그릇 안에 더 많은 빵조각들이 남아 있게 됩니다. 주님께서 축사하시고 배가시킨 것이 마음속 애정에 저장됩니다. 광주리는 인간의 의지를 의미합니다. 이유는 광주리가 양식을 담는 그릇이기 때문입니다. 그 양식은 하늘의 양식이고 선을 의미합니다. 선은 의지 영역에 속합니다."

"한순간에 그 많은 양이 생산되었나요?"

"그렇지 않습니다. 먹는 가운데 증가했습니다. 이는 우리에게 귀한 깨달음을 줍니다. 선은 사용하면 할수록 더 증가된다는 것을 가르쳐 줍니다. 얼마든지 수요에 따라 공급이 증가됩니다. 그 이유가 근원이 무한하기 때문입니다. 얼마 안 되는 빵과 물고기로 먹은 사람은 여자와 어린이들 외에 남자만 오천 명 가량 되었습니다. 남자는 진리를 상징합니다. 고로 진리 가운데 있는 교인을 의미합니다. 그리고 여자와 어린아이는 선 가운데 있는 교인을 각각 의미합니다."

"내 마음에 하늘의 양식이 얼마나 담겨있는 지 궁금합니다. 왜 그것을 미처 모르고 살았던 걸까요? 지나온 삶이 선행이었다면 하늘 양식이 풍족하게 먹고도 배부를 만큼 남았을 텐데 말입니다. 썩을 육신의 양식을 위해 살았던 삶이 얼마나 허무한지요. 아직도 값비싼 옷과 보석과 호화로운 집과 자가용을 사들이는 것을 삶의 목표로 살아가는 자들이 그 얼마인지요. 세상적인 데서 진정 구원받기를 원합니다. 하나하나 생각해 보면 후회되는 것이 너무나 많습니다."

서로 나누기

☞ 배운 것을 삶에 적용할 수 있도록 서로 나눠봅시다.

● 숫자 12 는 무엇을 의미하는가?

● 열두 문은 무엇을 의미하나요?

● 각 문마다 천사가 지킨다는 말은?

● 12,000 은 무엇을 의미하나요?

● 이마에 도장받은 144,000명은 무엇을 의미하나요?

●생각해 보기●

진리가 심판을 합니다. 진리는 인격속에서 진리에 반대되는 모든 것을 축출합니다. 고로 신성한 진리는 천사이고, 천사는 수확기의 추수꾼입니다. 그들은 좋은 것을 천국으로 모으고, 악과 거짓은 단으로 묶어 불태웁니다.

즉, 우리 마음속의 여러가지를 질서대로 정리하고 분류해서 거듭난 삶의 원리는 천국에 모으고, 거짓된 원리는 지옥으로 가게 합니다. 그러나 악령은 우리가 진리를 배우고자 할 때, 마음속에 악한 경향성을 흥분시킵니다. 이때 인간은 자기 자신의 진짜 모습을 발견하게 됩니다. 이 발견 없이 어떤 거듭남도 존재할 수 없습니다. 결국 진리 없이는 인간은 자기의 악이 악인지를 알지 못합니다.

13

"숫자 13 은 무엇을 의미하나요?"

"10 의 의미는 순수 선의 그루터기이고 3은 완전을 의미합니다. 숫자 13 은 10 + 3 으로 구성되므로 거룩한 그루터기를 의미합니다. 또 13 은 12 와 14 의 중간 숫자로 시험 없음과 시험 있음의 중간입니다."

"성경에 보면 아브라함의 아들 이스마엘의 포피를 벤 때는 십삼 세라고 했습니다. 그 의미는?"

"아브라함이 포피를 베는 할례의 의미는 주님께서 겉사람의 악을 몰아내는 것을 말합니다. 아들 십삼 세는 거룩한 그루터기를 의미합니다. 이스마엘이 포피에 할례를 받은 것은 깨끗해짐을 의미합니다. 겉사람의 악을 제거하는 일이 우리의 삶의 숙제입니다. 악은 우리를 정욕과 죄악의 구덩이로 끌고 갑니다. 악은 천국에 가는 길에 방해되며 선하게 사는 삶에 반역자와 같습니다. 아브라함처럼 날선 칼로 악을 제거하는 길만이 나의 살 길입니다."

"숫자 13 의 또 다른 의미는?"

☞ "창세기에 시날 왕 아므라벨과 엘라살 왕 아리옥과 엘람 왕 그돌라오멜과 고임 왕 디달이 십이 년 동안 그돌라오멜을 섬겼다가 십삼 년째에 반역하였다는 구절이 있습니다(창14:4). 그들이 십이 년 동안 그돌라오멜을 섬겼다는 말은 거짓과 악을 드러내지 않고 선과 진리를 섬겼다는 뜻입니다. 그리고 십삼 년째에 반역했다는 말은 이제 시험이 시작되었음을 말합니다."

"왜 시험이 오게 되나요?"

"탐욕 때문입니다. 인간은 자신이 원하는 바를 갈망합니다. 그러나 자기 분수를 모르고 욕심을 부리면 정로를 이탈하게 되고 위법을 저지르게 됩니다. 자기 위치를 벗어나거나 제 분수를 모르면 과욕하게 됩니다. 자신의 위치를 벗어나 주제 파악을 못하면서 높은 자리를 탐하는 자들이 있습니다.

이들은 진리를 원치 않을 뿐 아니라 초등 학문조차 준비되지 않은 미련하고 게으른 자들입니다. 또한 이들은 자신의 본래 모습이 드러날 것이 두려워 겉으로 꾸미는데 혈안이 되어 있습니다. 한눈에 보기에도 영혼이 흐트러진 모습이 보이는 데도 선의로 대하고 존중해주면 더욱 악한 욕망의 발톱을 보이며 사정없이 탐욕을 드러냅니다. 이들의 말투를 들어보면 대단히 폭력적이며 어리석음이 돋보이고 잔인합니다. 그러면서도 그들 나름대로 얼마나 교만한지 모릅니다. 인생을 감각적인 눈치로 순간과 찰라적 만족과 탐욕에 절어서 남을 이용해 먹기를 좋아합니다. 마치 양의 탈을 쓴 이리와 같습니다. 이들은 초기에는 순진해 보였지만 시간이 지나고 보면 얼마 못가서 자신의 모습을 모두 드러냈습니다. 이런 자들의 꾀임에 빠진 것이 답답하기만 합니다."

"맞습니다. 삶을 돌이켜 보면 청소년기 이전에는 거짓과 악이 드러나 보이지 않습니다. 그 이유는 무지하기 때문입니다. 그런데 사춘기에 들어서면서 시험이 시작됩니다. 이 때는 시험의 시기입니다. 그돌라오멜은 무엇을 의미합니까?"

"영적으로 말해서 진리를 배우기 이전의 선과 진리가 그돌라오멜입니다. 인간에게는 부모로부터 물려받은 유전 악이 있습니다. 인간은 유전적으로 자아 사랑과 세상 사랑을 가지고 태어납니다. 이런 자아 사랑과 세상 사랑은 갓난아이들의 경우에는 선하게 보일 뿐입니다. 하지만 갓난아이나 영유아들은 무지해서 자아 사랑도 선하게 나타납니다. 사실 그것은 선이 아닙니다. 선은 진리와 연합되어야 진정한 선입니다."

"12년간 그돌라오멜을 섬긴다는 말은 무슨 말인가요?"

"12년 섬김은 선과 진리가 있는 시기를 의미합니다. 12는 선에서 오는 진리의 모든 것을 의미합니다. 이때는 악과 거짓이 실력 행사를 할 수 없습니다. 어떤 악도 그들 안으로 이끌어 들일 수 없습니다. 마음이 순수한 이들에게는 지옥의 패거리가 그들 속에 잠입해 있다고 하더라도 꼼짝할 수 없습니다. 그들은 복종의 상태만 있기 때문입니다. 이것이 12년 동안 그돌라오멜을 섬겼다는 의미입니다."

"그러면 언제 악이 나타납니까?"

"12년 섬김의 상태에서는 아직 탐욕적이지 않기 때문에 악이 잠재하고 있지만 힘을 발휘하지 못합니다. 그러나 인간이 악을 선택하면 악령이 그 사람 안에 마치 소나기가 내리듯이 악을 쏟아 부어 그를 지배합니다. 시체가 있는 곳에 독수리들이 모여듭니다(마 24:28)."

"그런데 왜 13년 째 반역했다고 하였나요?"

"13 은 12 와 14 의 중간 숫자입니다. 13 은 시험 없음과 시험 있음의 중간입니다. 13년째 반역함의 의미는 인간이 섬김 상태에 있을 때 조그만 틈을 이용해서 악이 고개를 들고 봉기한 것을 말합니다. 악령은 아무리 교회 생활을 열심히 하더라도 언제나 반역을 꾀합니다. 다시 말해서 악과 거짓을 확증하는 정도에 비례하여 섬김을 걷어찹니다. 다시 말해서 탐욕과 거짓을 마음속에 심는 정도에 비례하여 반역합니다. 탐욕과 거짓 안에 악령이 있고 선과 진리 안에 천사의 생명이 있습니다. 반역의 다툼은 양심의 정도에 따라 더 나아가서 지각의 수준에 따라 양상이 다릅니다. 더 깊고 내면적일수록 악령의 반역은 더 크고 고통스럽습니다."

서로 나누기

☞ **배운 것을 삶에 적용할 수 있도록 서로 나눠봅시다.**

- 숫자 13 는 무엇을 의미하는가?
- 아브라함이 이스마엘에게 13세에 할례를 행한 것은?
- 할례는 무슨 의미가 있는가?
- 천국에 대한 반역은 누가 이끄는가요. 반역의 생명은?

●생각해 보기●

바울은 이렇게 말합니다.

"여러분은 그리스도의 할례, 곧 세례를 받음으로서 그리스도와 함께 묻혔고 또 그리스도와 함께 다시 살아났습니다. 그리스도를 죽은자들 가운데서 다시 살리신 하나님의 능력을 믿었기 때문입니다." (골2:12).

세례는 옛 사람을 벗어버리고 새 사람을 입는다는 말입니다. 세례의 목적은 겉사람으로부터 악을 제거하는 것입니다.

겉사람이 순수해진 만큼 속사람도 열리기 때문입니다.

세상을 극복하는 정도 만큼 천국은 더 가까워집니다.

우리가 시험을 극복해낸 만큼, 그분을 어느 정도 따라 갔는지를 알 수 있습니다.

15

"숫자 15 는 무엇을 의미하나요?"

"15 는 10 + 5 로 구성된 숫자입니다. 10 은 신성한 그루터기 숫자이고, 5 는 적다는 의미가 있습니다. 이 말은 신성한 그루터기가 아주 적음을 뜻합니다. 또한 15 는 새로운 것을 의미하는데, 8 과 비슷한 의미를 가집니다."

"이스라엘 자손이 애굽에서 나온 후 둘째 달 십오일에 온 회중이 신 광야에 이르러 광야에서 모세와 아론을 원망하여 우리가 애굽 땅에서 고기 가마 곁에 앉아 있던 때와 떡을 배불리 먹던 때에 여호와의 손에 죽었더라면 좋았을 것을 너희가 이 광야로 우리를 인도해 내어 온 회중이 주려 죽게 한다고 하였습니다. 그 의미는?"

"광야는 시험의 상태를 의미합니다. 이스라엘 온 회중이 신 광야로 갔다는 말은 또 다른 시험의 상태를 의미합니다. 모세와 아론은 진리를 의미합니다. 이스라엘 온 회중이 불평했다는 말은 시험으로 야기되는 고통과 불평을 의미합니다. 이집트의 땅에서 여호와의 손에 죽었더라면 이라는 말은 시험이 계속되는 상태에 있을 때에 차라리 내버려 두는 것이 더 나았을 것이라는 것을 말합니다. 고기 가마 옆에 앉아 있었을 것이라는 말은 그들이 바라는 것에 따른 생활을 의미합니다. 두번째 달의 십오 일이었다는 것은 과거와 현재의 상태에 대해 비교하는 것을 의미합니다. 새로운 시험의 상태를 의미합니다."

☞ "아! 15 는 상태의 변화를 말하는군요. 상태의 변화에는 뭐가 있을까요?"

"네, 상태 변화에는 첫째, 죽음을 말하지 않을 수 없습니다. 죽음은 영원한 삶을 위한 상태 변화입니다. 누구나 저 세상에 들어가기 위해서는 반드시 죽음을 지나야만 합니다. 그러나 사람들은 죽음을 두려워합니다. 둘째, 고난입니다. 고난은 새로운 상태 변화를 위한 과정입니다. 우리는 세상에 살면서 많은 고난을 겪습니다. 찬송가 가사에 내 고생하는 것 옛 야곱이 돌베개 베고 잠 같다고 노래합니다. 때로 사람들은 고난을 하나님이 주시는 형벌로 여기기도 합니다. 또는 신앙심으로 버티고 감내해야 하는 짐으로 간주합니다. 그러나 우리가 잃어버리지 말아야 할 사실은 육체가 건강해지기 위해서 근육을 단련시키듯이 우리의 영이 건강해지기 위해서는 기억, 이해력, 자비로움 등을 사용하지 않으면 안 됩니다. 고난은 영혼의 근육을 키우는 것과 같습니다. 그래서 환란은 인내를 인내는 소망을 낳는다고 했습니다."

"고난은 형벌이 아니라 영적 근육 강화 훈련이군요."

"네, 고난은 인생의 동반자입니다. 고난으로 우리의 한계를 시험하게 되어 높은 가능성에 도달하게 됩니다. 우리는 아프거나 건강하든지 어떤 환경에서든 목적에 도달하기 위해서 지금 여기에 존재하고 있는 것입니다. 고로 우리는 고난을 통해서 모든 것이 합력하여 선을 이루기 위해 노력해야 합니다. 각자에게 주어진 고난의 색깔이 다른 이유는 고난의 특성과 개개인의 성품이 결합해서 나타나기 때문입니다."

서로 나누기

☞ 배운 것을 삶에 적용할 수 있도록 서로 나눠봅시다.

- 숫자 15 는 무엇을 의미하는가?
- 상태 변화의 두가지 종류를 말해 보시오?
- 고난은 영적으로 무엇이 단련됩니까?
- 각자에게 나타난 고난은 무엇의 결합인가요?

●생각해 보기●

질병이나 신체적 장애가 본인과 주변에 있는 사람의 죄에 대한 형벌인가? 하는 의문이 생깁니다. 주님은 이에 대해서 그렇지 않다고 단호하게 대답하십니다. 주님은 종종 잘못을 저지른 인과로서 고난을 허용하십니다. 이는 우리로 하여금 잘못의 결과로 겪는 고난을 통해서 죄 짓는 것을 멈추고, 자신의 행위를 반성한 후 깨닫고 회개하도록 하시기 위함입니다.

주님은 선한 사람이 받는 고난이 오히려 그를 영적으로 강건케 하며 그의 인격을 성숙하도록 고난을 허용하십니다. 어느 누구도 나태해지거나 자만심에 한 번이라도 빠져들지 않은 자는 없습니다. 그러나 우리가 반드시 명심해야 할 사항은 주님께서 하나님의 일을 그 사람 안에서 드러내시기 위해 간혹 고난이 오도록 허용하신다는 것입니다.

20

"숫자 20 의 의미는 무엇입니까?"

"20 은 10×2 로 이루어진 숫자입니다. 20 은 10 이 두배로 상승된 것입니다. 즉, 높은 수준의 선을 의미합니다. 이십은 충분의 뜻을 지니고 있습니다."

"아브라함이 소돔성을 위해 탄원을 하면서 오십 명, 사십오 면, 사십 명, 삼십 명, 이십 명, 열 명을 찾으시면 어찌 하려 하시나이까? 중재를 합니다. 그 때 주님은 이십 명으로 말미암아 멸하지 않겠다고 말씀하셨습니다. 무슨 의미인가요?"

"그 내용은 주님께서 인류를 두고 슬퍼하심을 취급하는 구절입니다. 그 이유는 사람들이 탐욕에 흠뻑 도취되었기 때문입니다. 이런 상태에 있는 이들을 위하여, 그분은 중재하셨습니다, 숫자는 물량적인 의미가 아니라 상태를 의미합니다. 다시 말해서 선과 진리를 지닌 이들은 구원되어야 함을 의미하시는 부분입니다. 그리고 이들이 누구인지 순서대로 세어지고 있습니다. 소돔은 탐욕을 말하고 고모라는 거짓을 의미합니다. 인간의 악이 그야말로 최고조에 도달했을 때 천사의 방문을 받습니다. 그때 아브라함은 그들을 위해 숫자로 중재합니다. 50 은 진리가 선으로 가득 차 있는 상태입니다. 45 는 구원을 위한 선이 충분치는 않으나 선이 진리와 결합된 상태입니다. 40 은 시험을 겪는 상태이고, 30 은 악과 전투하는 상태입니다. 그리고 20 은 선에 대한 애착의 상태입니다. 20 은 선을 사랑하는 상태입니다. 이십 명을 찾는다면 이라는 말은 거듭남을 위한 선이 있다면... 이라는 말입니다. 마지막으로 10 은 주님께서 인간 마음속에 아껴서 심어두신 그루터기 상태입니다. 이런 상태에 대한 대답은 그들은 구원되리라는 것입니다(창18장)."

"아! 놀라운 말씀입니다. 인간의 상태에 따라서 우리를 구원하신다는 지극히 당연하신 원리를 우리는 왜 잊어버리고 살았는지 모릅니다. 우리의 상태가 천사 혹은 괴물로 구분되는 것은 우리 안에 선과 진리 혹은 악과 거짓의 정도 차이에 있음을 알게 되었습니다. 아! 선과 진리가 얼마나 귀한 지, 이 귀한 가치를 잊지 말아야 하겠습니다. 주님과 아브라함의 대화를 보면서 선과 진리를 주님께서 어떻게 쓰시는가를 보았습니다. 주님은 선과 진리를 찾으시고 그로 인해 인간이 구원되기 원하심을 깨달았습니다."

"20 이 부정적 의미로 쓰여진 경우를 알려 드리겠습니다. 애굽에서 나온 유대인들은 이십 세로부터 그 이상까지 계수되었습니다. 인간이 이십 세 이상이 되면 총명의 상태로 넘어갑니다. 즉, 자기 나름대로 스스로 판단하기 시작합니다. 그러므로 이십 세 이상은 총명의 상태에 있는 이들을 의미합니다. 애굽에서 나온 이십 세 이상이었던 자들이 여호수아와 갈렙을 제외하고 광야에서 죽었다는 것은 악의 애착으로 인해 오염되었음을 의미합니다. 즉, 시험에 굴복된 자를 의미합니다."

"야곱이 이십 년을 외삼촌 라반과 함께 살았다고 했습니다. 그 의미는 무엇을 말하나요?"

"야곱이 외삼촌 라반에게 이런 말을 합니다. 내가 이십 년을 외삼촌과 함께 하였거니와 외삼촌의 암양들이나 암염소들이 낙태하지 아니하였고 또 외삼촌의 양 떼의 숫양을 내가 먹지 아니하였습니다(창31:38).”

“야곱의 말은 거듭나기 전, 진리의 상태를 의미합니다. 이십 년간 당신과 함께 지냈다는 말은 자신의 선한 상태를 의미합니다. 암양과 암염소가 낙태하지 않았다는 말은 선과 진리에 대한 의지를 의미합니다. 외삼촌의 양떼 속의 수양을 먹지 아니했다는 말은 선을 소중히 여겼다는 의미입니다.”

“야곱의 말에 대해 좀 더 설명해 주시기를 바랍니다.”

“선을 소중히 여겼다는 부분에 대해 첨부해서 말씀드리겠습니다. 주님께서 열두 제자를 파송하면서 제자들에게 이런 분부를 하십니다. '이방인들의 길로 가지 말고 사마리아 사람들의 도시에도 들어가지 말라. 다만 이스라엘 백성중의 길 잃은 양들을 찾아 가라.' 이 말씀은 마음의 상태를 의미합니다. 주님께서 열두 사도를 파견하시는 장면은 영적 의미로 살펴보아야 합니다. 사도, 이방인, 사마리아인, 이스라엘 백성은 우리가 지닌 어떤 원리, 능력, 자질에 관계되는 말들입니다. 사도는 하나님의 말씀이 마음속에 들어와 작동되는 원리를 의미합니다. 즉, 선과 진리가 천국의 품위로 전환되는 원리입니다. 이방인은 나쁜 측면, 거듭나지 않은 자연인의 원리를 의미합니다. 그리고 사마리아인은 과거 앗수르 왕이 이스라엘 왕국 열 지파를 포로로 끌어가고, 텅 빈 사마리아 지역에 강제로 이주시킨 사람들의 후손들입니다. 이들은 감정에 휩쓸려 왜곡된 거짓에 쉽게 물드는 원리를 의미합니다. 모든 것을 종합해서 보면 이방인의 길로 가지 말라는 말은 악한 의도로 점철된 무질서 상태에 빠지지 말라는 뜻이고, 사마리아인의 도시에도 들어가지 말라는 거짓에 근원을 두는 교리에 물들지 말라는 의미입니다. 그러나 사도는 질서의 법칙을 의미합니다. 이방인이나 사마리아인과 같은 원리에 있게 될 경우, 순수한 원리가 죄로 탈바꿈하게 됩니다. 그러므로 우리는 하늘의 선이 더럽혀지는 것을 허용하지 말아야 합니다. 천국의 원리는 환경과 생각이 변해도 언제나 거룩하고 순수하게 존재해야 합니다.

"어떻게 해야 순수한 원리를 간직할 수 있을까요?"

"우선 욕망과 왜곡된 추론을 조심해야 합니다. 우리는 이방인들의 길로 가면 안 되고 사마리아의 도시에도 들어가면

안 되고 단지 이스라엘의 길 잃은 양들을 찾아 가는 것입니다. 선과 진리에 관한 원리는 삐뚤어진 영혼을 바로 잡아 줍니다. 우리는 그런 선을 사모해야 합니다. 이스라엘 사람은 교회를 구성하는 모든 원리나 자질을 뜻합니다. 양은 이타애의 원리를 의미합니다. 순수한 이타애는 영적인 사랑입니다. 그러므로 이스라엘의 양은 마음안에 교회를 구성해 주는 선한 애정의 원리입니다. 그런데 이스라엘의 길 잃은 양이라고 했습니다. 이는 아직 순수하지 않은 상태여서 순수한 진리와 하나되지 못하는 애정을 의미합니다. 순수한 진리로 인도받지 못한 이런 애정은 눈먼 애정이어서 쉽게 엉뚱한 데로 끌려가고 악에 파묻히고 맙니다. 진리는 선을 지키는 자입니다. 양을 지키는 목자와 같습니다. 고로 진리의 인도가 없으면 선은 울타리를 벗어나 흩어지게 됩니다. 길 잃은 양 즉, 아직 거듭나지 않은 자연적 수준의 애정은 주님이 주시는 순수한 선과 진리를 매개체로 해서 그분의 생명을 받아서 영적인 애정이 되어 가는 것입니다."

☞ "결론적으로 이십이라는 숫자는 더 높은 선을 추구하는 것을 의미하는군요. 주님께서 시몬 베드로에게 요한의 아들 시

몬아, 네가 이 사람들이 나를 사랑하는 것보다 더 나를 사랑하느냐? 하고 물으셨습니다. 그때 베드로는 주님, 아시는 바와 같이 저는 주님을 사랑합니다 하고 대답하자 예수께서 내 어린 양을 잘 돌보라 하고 분부하셨습니다."

"주님께서 베드로에게 말씀하신 이 분부는 베드로 라고 표현된 성품을 향한 명령입니다. 그 이유가 요한의 아들 시몬이라고 했기 때문입니다. 시몬은 듣고 순종함을 의미하고, 요한은 이웃 사랑의 상징물인 비둘기를 뜻합니다. 비록 이런 분부가 베드로 개인에게 하셨지만 베드로 한 사람에게만 국한되는 게 아니라 우리 모두에게 해당됩니다. 베드로는 믿음의 품위 또는 지적인 원리를 표현한 인물이기 때문입니다. 믿음의 원리에는 주님의 양을 안내하고 영양분을 공급하는 임무가 있습니다. '요한의 아들 시몬아 너는 이들보다 더 나를 사랑하느냐?' 는 질문은 베드로가 가장 중요한 품위를 소유했는지 묻는 물음입니다. 다시 말해서 네 형제가 나를 사랑하는 것보다 더 나를 사랑하느냐? 또는 네가 지금 종사하는 일보다 더 나를 사랑하느냐 입니다. 베드로의 대답은 소극적이면서 간단합니다. 예, 주님, 아시는 바와 같이 저는 주님을 사랑합니다. 그의 사랑의 고백은 어느 누구도 주님을 사랑하는 자기 마음을 증명해 수가 없다는 고백입니다. 주님이 더 잘 아시기 때문입니다. 어쨌든 과거 주님께서 베드로가 세 번 부인할 것을 예견했을 때 베드로가 말했던 언어 태도와는 얼마나 다른지 모릅니다. 그 당시에 베드로는 절대로 변하지 않을 것이라고 자신만만하게 떠벌렸습니다. 그러나 지금은 사랑의 고백을 자랑하지 않습니다. 그의 사랑에 대한 보증은 자기 마음에 주님 사랑을 심으신 분이 자신을 더 잘 아신다고 대답합니다."

"주님께서는 우리에게도 그런 분부를 내리시나요?"

"그렇습니다. 진정 자신이 주님을 사랑한다고 말하는 이들에게 주님은 내 어린 양을 돌보라고 부탁하십니다. 순수와 이웃사랑이 어린 양과 양입니다. 이것은 주님의 것입니다. 모든 사람은 주님께서 각자의 마음에 아껴두신 순수와 이웃사랑을 보존하고 키우도록 명령받고 있습니다."

"주님께서 베드로에게 세 번 질문을 반복하셨습니다. 세 번씩이나 베드로에게 그분의 양을 먹이고 보호하도록 임무를 하신 이유는 무엇일까요?"

"세 번 이르시는 말씀이 모두 동일하지만 두 가지 다른 단어가 사용되었습니다. 첫 번째에서는 먹을 것을 주라(feed)이고 나머지는 돌보라(tend)는 것입니다. 베드로가 세 번 질문 받은 것은 교회의 시작부터 마지막까지의 시기를 의미합니다. 그 이유는 셋이란 숫자가 완성, 충만을 의미하기 때문입니다. 세 번째는 교회의 끝을 의미하는데, 베드로는 주님께서 세 번 네가 나를 사랑하느냐고 물으셔서 슬퍼졌다고 했습니다. 이는 교회의 계속적인 하강 상태를 의미하기 때문입니다. 맨 먼저 베드로에게 어린 양에 먹을 것을 주라고 하시고, 그 다음 그분의 양을 치라고 말씀하셨습니다. 주님께서 처음 말하신 어린 양(lamb)은 순진무구의 선 가운데 있는 이들을 의미하고, 두 번째 말씀하신 양(sheep)은 이웃 사랑의 선 가운데 있는 이들을 말하고, 세 번째의 양은 믿음의 선 가운데 있는 이들을 뜻합니다. 개인적인 차원에서 이해하자면 주님을 사랑하는 열정이 순수와 이웃 사랑, 믿음에 공급되어서 그분의 양떼로 잘 성장하기를 간절히 바라신다는 말씀입니다."

서로 나누기

☞ **배운 것을 삶에 적용할 수 있도록 서로 나눠봅시다.**

● 숫자 20 은 무엇을 의미하는가?

● 아브라함이 소돔성을 위한 탄원기도를 설명해 보시오.

● 야곱이 라반에게 20 년간 함께 있었다는 의미는?

● 주님께서 베드로에게 양을 먹이고 치라는 의미는?

●생각해 보기●

만나는 '이게 무엇이냐?' 라는 의미이며, 실제로 그것을 맛보기 전에는 무엇을 의미하는 모릅니다. 만나는 아침 이슬과 더불어 매일 내려졌습니다. 주님이 주시는 하늘의 양식은 순수한 선입니다. 이는 우리가 말씀으로부터 배운 진리를 삶에 적용할 때 옵니다.

시편 78편 25절에서는 만나를 "천사들의 양식" 이라고도 하였습니다. 고로 만나는 이스라엘 민족에게 물질적인 형체로 주어진 천사들의 양식이며, 이는 선이 행동 안에서 구체화된 것입니다.

만나는 날마다 그날 먹기에 충분한 양 만큼만 거두어야 합니다. 우리의 영적 힘은 매일 말씀을 읽고 기도하면서 유지됩니다. 아무리 많이 배웠다 하더라도 배움을 활용하지 않으면 그것은 아무런 가치가 없습니다.

24

"숫자 24 는 무엇을 의미하나요?"

"숫자 24 는 12×2 로 이루어져 있습니다. 숫자가 두 배로 곱해지면 그 의미가 더 강화됩니다. 숫자 12 는 완전을 상징하며 천국과 교회에 있는 선과 진리에 관한 원리를 의미합니다. 24 는 12 보다 더 높은 수준의 완전을 의미합니다. 숫자 24 는 아론의 자손이 성전을 위해 섬김의 직무를 수행하는 숫자입니다(대상24:4)."

"요한이 이런 환상을 보았습니다. 보좌 둘레에는 또 높은 좌석이 스물네 개 있었으며, 거기에는 흰 옷을 입고 머리에 금관을 쓴 원로 스물 네 명이 앉아 있었습니다. 보좌로부터 번개와 음성과 우렛소리가 나고 보좌 앞에 켠 등불 일곱이 있으니 이는 하나님의 일곱 영입니다(계4:4-5)."

"보좌는 심판을 상징합니다. 심판하기 위해 보좌가 놓여 있고 가장 높으신 재판관 둘레에 재판 직분을 수행하는 이스라엘 원로들이 앉아 있습니다. 인간의 영원한 운명에 관한 심판은 전능하신 한 분에 의해 집행됩니다. 사람의 중심을 아시는 그분만이 재판할 수 있습니다. 원로들은 사도의 의미와 같습니다. 즉, 선과 진리에 관한 원리를 의미합니다. 다시 말해서 천국과 교회의 기초를 이루는 말씀으로 파생되는 정의와 공평의 원리입니다. 보좌에서는 번개가 번쩍이고, 요란한 소리와 천둥소리가 터져 나왔는데, 천둥과 번개는 심판의 결과입니다. 즉, 악을 타도하고 선을 구원하는 결과입니다. 시편 기자는 원수로부터 자신을 구해주신 주님께 이렇게 읊고 있습니다. '지극히 높으신 분 여호와께서 천둥소리로 하늘에서 고함치셨습니다. 번개가 번쩍 번쩍...원수들을 흩어 쫓으셨습니다...내 힘으로는 당해 낼 수 없는 것들 손에서 나를 건져 주셨습니다...여호와께서 내 편이 되셔서 건져 주시고 어깨를 펴게 해주셨습니다. 다윗은 하나님, 당신의 길은 거룩하십니다...당신 팔을 펴시어 당신의 백성을 속량 하셨습니다. 당신의 천둥소리 천국에 있고 번개가 세상에서 번쩍거려 땅이 흔들흔들 떨었습니다(시77:13-18). 천둥과 번개는 주님으로부터 진행되는 사랑과 지혜의 상징물입니다."

"심판 뒤에는 무엇이 있나요?"

"천둥과 번개 뒤에는 소리가 있습니다. 마치 시내 산에서 천둥소리가 있은 뒤 모세에게 법이 주어졌고, 산과 바위를 쪼개는 바람과 지진, 불이 지나간 후에 세미한 음성이 엘리야의 귀에 속삭였던 것과 같습니다. 마찬가지로 심판 뒤에 보좌 앞에서는 일곱 횃불이 훨훨 타고 있었습니다. 그 일곱 횃불을 하나님의 일곱 영이라고 표현합니다."

"하나님의 일곱 영?"

"보좌 앞에 일곱 영이 있고 인자가 일곱 등불 사이를 거니셨으며 그분의 오른손이 일곱 별을 잡고 계셨습니다. 일곱 영은 성령을 뜻하고 일곱 별은 천국에 있는 교회이고 일곱 등불은 지상의 교회를 뜻합니다. 천둥 소리 이후에 일곱 영과 등불이 언급되는 이유는 옛 것이 사라졌을 때 천국과 지상에 새로운 교회가 성령의 역사로 형성되는 것을 준비하기 위함입니다. 다시 말해서 심판이 도래하는 것을 가르쳐주시려는 의도가 담겨 있습니다."

☞ "천사가 나팔을 불고 노래했을 때, 이십 사 원로가 엎드려서 지금도 계시고 전에도 계셨던 전능하신 주 하나님, 우리의 감사를 받으소서. 하나님께서는 큰 권능을 떨치시며 군림하고 계십니다 하고 경배하였습니다(계11:16)."

"이십 사 원로들의 경배는 곧 교회의 경배입니다. 경배의 주제는 주님께서 큰 권능과 통치권을 가지셨다는 것입니다. 권능은 무한하고 언제나 동일합니다. 그러나 사실 그분의 권능은 상태에 따라 다양해짐을 알아야 합니다. 주님의 권능은 각 개인 안에 있는 그분의 권능과 비례됩니다. 다시 말해서 주님의 권능은 사랑과 진리를 얼마나 붙잡고 있느냐에 따라 비례합니다. 만일 인간이 사랑하기를 중단하고 하나님 믿기를 그만둔다면 그분의 권능은 끝나고 말 것입니다. 인간에게 악이나 불신앙이 우세해지면 그 세력에 비례하여 주님의 권능도 줄어들고 맙니다. 따라서 인간이 아주 멸망하지 않는 것은 멸망의 원인이 제거되는 어떤 조치가 있었기 때문입니다."

"주님의 권능을 회복하기 위해서는 주님과 인간 사이의 장애물이 제거되어야 하지요? 어떻게 할 수 있을까요?"

"말씀은 주님과 인간의 첫째가는 매개체입니다. 진리가 희미해지거나 뒤집혀지면 주님의 권능은 그만큼 줄어들고 맙니다. 교회에서 그분의 권능을 회복하는 주요한 수단은 그분의 말씀속에 있는 참 의미를 회복하는 것입니다. 사람의 마음은 늘 변합니다. 그러나 진리는 변화하는 인간 마음과 잘 어울립니다. 그 이유는 하나님의 말씀은 인간의 마음보다 더 심오하기 때문입니다."

"어떻게 해야 말씀의 권능을 회복할 수 있을까요? 오늘날 평신도는 물론하고 교역자들조차도 말씀에 대해 감격을 누리지 못하고 권능을 잃어버렸습니다."

"그 해답은 말씀의 영적 의미를 찾아야 합니다. 말씀의 영적 의미를 찾게 되면 주님께서 더 위대하고 충만되게 인간 영혼 안에서 구원의 권능을 펼치시어 거듭남을 집행하실 수 있습니다."

서로 나누기

☞ 배운 것을 삶에 적용할 수 있도록 서로 나눠봅시다.

- 숫자 24 는 무엇을 의미하는가?
- 24 원로는 무엇을 의미하나요?
- 천둥과 번개는 무엇을 의미하나요?
- 어떻게 해야 말씀의 권능이 회복될까요?

●생각해 보기●

우리는 많은 사람들이 성경공부를 하면서 말씀을 그대로 행하기보다는 자기 주장을 내세우기 위해 말씀을 이용하거나 변론을 위해 성경을 왜곡하는 경우를 보게 됩니다.

만일 이런 식으로 성경을 모독하는 자는 머지않아 말씀의 글자마저 의심하고야 맙니다. 이런 자들은 가장 악한 자로 전락하게 됩니다. 성경을 하나님의 작품이 아닌 인간의 작품으로 등락시켜 버렸기 때문입니다. 이들은 말씀의 의미 속으로 들어가는 것이 아니라 성경에 등장한 영웅들의 이야기에 관심이 많습니다. 이런 자들은 자기들의 욕심때문에 말씀의 의미를 왜곡시키고 신성한 말씀을 가지고 자기의 더러운 행실을 덮는 변명거리로 삼습니다.

이런 자는 주님이 엠마오로 가는 길에서 두 제자에게 책망하신 "미련하여 선지자들이 말한 모든 것을 더디 믿는 자들" 입니다.

30

“숫자 30 의 의미는 무엇인가요?”

“숫자 30 은 5×6 또는 3×10 으로 구성되었습니다. 숫자 5 는 적음, 6 은 전투, 3 은 완전, 10 은 그루터기 입니다.”

“삼십은 전투 혹은 충분을 의미하는군요.”

“예수께서 서른 살이 될 때까지 공생애를 시작하시지 않은 것은 신성한 그루터기를 획득하시기 위함입니다. 숫자 30 은 그루터기가 가득해진 상태를 의미하는데, 인간은 그루터기가 충분하게 될 때까지는 영적 전투를 하기가 어렵기 때문입니다. 그러므로 주님께서 서른 살이 되실 때까지 왜 자신을 드러내 보이지 않았는가에 대한 이유가 분명합니다. 그분도 서른 살이 되어서야 그루터기가 충만해졌기 때문입니다.

그런 까닭에 레위인의 성직 임무 기간이 서른 살에서 오십세까지 부여되었습니다. 그 이유는 30 은 영적 전투를 감당하기에 가능한 나이이기 때문입니다. 아브라함은 소돔 성을 멸망하려는 천사에게 탄원할 때, 만일 거기서 삼십 명을 발견한다면 이라고 호소합니다(창18:30). 이는 비록 영적으로 작은 규모라고 하더라도 영적 전투를 할 수 있는 상태를 의미하기 때문입니다."

☞ "가룟 유다가 대제사장에게 찾아가서 예수를 넘겨주고 은 30 냥을 받았습니다."

"가룟 유다는 만가지 악의 뿌리인 탐욕의 화신입니다. 그의 탐욕이 구세주까지 팔아 배를 채웠습니다. 그는 종교 원리를 탐욕과 이기심의 희생물로 삼았습니다. 가룟 유다가 주님을 판 값, 대제사장이 주님을 죽이기 위해 구매한 값은 유대교회가 그분의 공로에 대해 매우 적은 가치만을 부여했다는 것을 암시합니다. 가룟 유다와 제사장은 개인적으로 주님에 대해 어떤 평가를 내렸던 것은 아닙니다. 그러나 그들이 쳐준 값은 평소 그 사람들이 생각했던 것을 표현했습니다. 다시 말해 그 값은 주님과 그분의 구속에 대해 내려진 일반적인 평가 가치가 된 셈입니다. 은전 서른 닢은 세상이 구세주에게 내린 평가 가격입니다."

"참으로 한심한 짓을 했군요. 구세주를 자기 수준에 의해 평가하다니...악한 자들은 언제나 이런 식으로 잣대질을 하는군요. 유다가 은 서른 닢을 도로 내놓았지요?"

"그렇습니다. 유다가 돈을 되돌리는 행동은 그의 상태가 변해서가 아니고 계시적 차원이 있습니다. 은전 서른 닢을 되돌림은 악한 용도로 모독한 진리를 다시 제자리에 되돌려 놓은 것입니다. 영적으로 돈은 진리의 지식을 의미합니다. 그러므로 진리를 악한 자가 악용할 때는 있는 것 마져 빼앗기리라는 말씀에 의거하여 거두어진 것입니다."

"있는 것 마져 빼앗긴다고요. 가룟 유다가 제사장을 찾아가서 이렇게 고백했습니다. 내가 죄 없는 사람의 피를 흘리게 하였습니다."

"그 말은 회개하는 말이 아니라 자신의 상태를 폭로한 것입니다. 자신을 스스로 정죄하는 말입니다. 그 말에 대해 대제사장과 원로들은 우리가 알 바 아니다. 그대가 알아서 처리하라.'고 말합니다. 사실 이 사람들은 예수의 무죄에 대해 아무 관심이 없었습니다. 그들은 예수의 피를 흘리기로 이미 작정했습니다. 유다가 대제사장과 원로들에게 돈을 되돌려줄테니 예수를 풀어달라고 요구했지만 승락하지 않자, 그 은전을 성소에 내동댕이치고 물러가서 스스로 목 매달아 죽었습니다. 대제사장은 은전을 주워들고 '이것은 피 값이니 헌금 궤에 넣어서는 안되겠소' 라고 말했습니다. 대제사장이 유다에게 주었던 돈은 피 값이었습니다. 이 돈은 예수를 죽게 하는 사악한 목적을 수행하라고 주어졌습니다. 그들은 의논한 끝에 그 돈으로 옹기장이의 밭을 사서 나그네의 묘지로 사용하기로 하였습니다. 예레미야 18장 4절에 예언자는 녹로를 돌리며 일하는 것을 보기 위해 옹기장이의 집에 내려갔습니다. 옹기장이는 진흙으로 그릇을 빚어내다가 제대로 안되면 그 흙으로 다른 그릇을 다시 빚었습니다. 창조주의 손에서 모든 사람은 훼손된 그릇에 불과합니다. 훼손된 그릇을 가지고 옹기장이는 다른 모양으로 만듭니다. 즉, 하나님의 의지에 따라 그분의 형상으로 새로워졌습니다. 그러므로 옹기장이의 일은 거듭남의 일을 의미합니다. 유대인으로 인해 주님의 피 값으로 계산된 은전이 옹기장이의 밭을 사도록 주어졌습니다. 다시 말해서 진리는 유대 교회에 나타났는데, 유대 교회는 진리를 파괴하였습니다. 그래서 이제 그 진리는 이방인에게로 넘겨졌습니다. 옹기장이의 밭이란 거듭나기를 바라는 이방인 교회를 말합니다. 이는 옹기장이의 밭을 구매해서 나그네의 묘지로 삼았다는 말에 포함되어 있습니다. 묘지의 첫 번째 의미는 부활입니다. 유대인들이 옹기장이의 밭을 사서 나그네의 매장지로 삼은 의도는 저주받은 도구는 저주받은 용도에 충당되어야 한다는 것입니다. 자기들의 육체와 버림받은 자와 혼합되지 않도록 하겠다는 의도가 깔려 있습니다. 그러나 주님의 피 값은 낯선 자를 친구로 맞이하고 그분의 피에서 구원을 부활에서 생명을 줍니다. 유대인이 무가치하게 여기고 경멸한 것이 영적인 나그네에게는 구원을 주는 고귀한 선물입니다."

서로 나누기

☞ 배운 것을 삶에 적용할 수 있도록 서로 나눠봅시다.

● 숫자 30 은 무엇을 의미하는가?

● 예수는 왜 서른 살에 공생애를 시작하셨나요?

● 가룟 유다가 은 서른 냥에 예수를 판 값은?

● 주님의 피값으로 나그네의 묘지를 구한 이유는?

●생각해 보기●

삼십은 어떤 것이라 말하기가 불편할 정도로 매우 적은 상태를 표시합니다. 이는 유대인들이 주님의 공로와 가치를 인정하지 않음을 의미합니다. 그러나 주님으로부터 선과 진리를 얻고자 하는 이들은 되찾음의 값이 40 입니다. 그리고 더 높은 값은 400 입니다. 40 은 수고와 고난의 숫자입니다.

"나는 그들에게 말했다, 만일 너희 눈에 좋게 여기거든, 나에게 내 삯을 주라, 그리고 만일 아니다면 주지 말라. 그래서 그들은 내 삯을 달았는데, 은 삼십이었다. 그리고 여호와께서 나에게 말하셨다, 그것을 토기장이에게 던져라, 내가 그들로부터 매겨진 상당한 값이다(슥11:12, 13)."

"그들이 은 삼십을 가져왔는데, 그분에게 매겨진 값이었다, 그분을 그들은 이스라엘의 아들들로부터 샀던 것이다, 그리고 옹기장이의 들판을 위해 그들에게 주었다, 이는 주님께서 나에게 명하신대로 였다 (마27:9, 10)."

40

"숫자 40 은 무엇을 의미하나요?"

"40은 4×10 으로 이루어져 있습니다. 40 은 완전한 시험의 숫자입니다. 노아 시대에 비가 사십 주야간 쏟아졌는데, 사십 주야는 모든 시험을 의미합니다. 사십 주야는 황폐함이 지속되었음을 의미합니다(창7:4)."

"홍수는 시험을 말하는군요."

"비는 진리 아니면 거짓을 의미합니다. 노아 시대에 사십 일간 비가 내렸습니다. 이는 거짓이 홍수처럼 밀려왔음을 의미합니다. 이는 에덴 동산부터 시작된 태고 시대가 거짓으로 인해 완전 파멸되었습니다. 그리고 40일 후에 땅이 마르면서 부터 새로운 교회가 시작되었습니다. 40 은 악의 끝과 선의 시작을 의미합니다."

☞ "이스라엘 백성들의 광야 40년간도 시험을 의미하나요?"

"네, 이스라엘 백성의 40년간 광야 유랑은 완전하고 충분한 시험을 의미합니다. 그리고 40년의 끝은 새로운 교회의 시작을 의미합니다."

"주님께서 이스라엘 백성에게 광야 40년 동안 만나를 주셨습니다. 무엇을 의미하나요?"

"사십 년은 시험의 상태이며 만나는 생명의 양식을 의미합니다. 만나는 선을 상징합니다. 시험의 상태에서 선이 주어짐을 의미합니다."

☞ "모세는 사십 일을 산에 있었다고 했습니다(출24:18)."

"모세가 시내 산에서 사십일 밤낮을 지냈다는 말은 긍정적인 의미가 있습니다. 주님께서 완전 충분하게 가르침을 주셨다는 의미입니다."

"40 은 완전 충분을 의미하는 숫자이군요."

"그렇습니다. 그래서 이스라엘 백성들이 사십 년 동안 광야에서 배회했으며, 땅에 비가 사십 일 낮과 밤에 내렸으며, 죄인을 사십 번 매질을 하였습니다. 사십 번 매질은 완전 충분한 처벌을 의미합니다."

"예수께서 사십 주야를 단식하시고 나서 몹시 시장하셨다고 했습니다(마4:2)."

"광야에서 사십 주야가 계속되는 동안 그분은 단식하셨습니다. 40 의 숫자는 시험의 상태를 의미합니다. 이는 물리적 시간을 말하기 보다는 상태의 연속을 표현합니다. 사십 일은 상태의 연속이고 사십 주야는 상태가 바뀜을 암시합니다. 시련을 겪을 때, 겨울의 낮 시간은 매우 짧고 밤 시간은 매우 길게만 느껴집니다. 그렇다고 희망이 완전히 없어지는 것은 아닙니다."

"단식은 무엇을 의미하나요?"

"단식은 자발적인 것과 비자발적인 것 두 가지가 있습니다. 자발적 단식은 악을 금하는 것을 말하고, 비자발적 단식은 선이 박탈되는 것을 의미합니다. 자발적 단식은 자아 부정을 의미하고 비자발적 단식은 영혼의 양식을 박탈하는 것입니다. 몸이 양식을 요구하듯이 영혼도 양식을 필요로 합니다. 주님은 나를 보내신 분의 뜻을 이루고 그분의 일을 완성하는 것이 내 양식이라고 했습니다(요4:34). 주님의 뜻을 이루고자 하는 노력이 거두어진 때가 시험에 해당됩니다. 결론적으로 시험은 하늘의 뜻 대신에 자신의 뜻을 이루고자 하는 것을 말합니다. 또한 악한 영향력은 은밀하게 작동하여 영혼이 단식하게 만듭니다."

"그렇다면 시험하는 자의 목적은 선에 대한 식욕을 거두고 대신에 악을 먹고 싶어 하도록 만드는 것이겠군요."

"그렇습니다. 예수께서는 사십 일 동안 아무것도 잡수시지 않으셨습니다. 그리고 그분께서는 사십 일이 지나서야 시장하셨습니다. 그분은 40일 단식 기간 동안 식욕이 없었습니다. 마음의 슬픔은 자연적으로 식욕을 감퇴시킵니다. 영혼의 슬픔은 영적인 식욕을 거두어갑니다. 어떤 이는 영혼의 탄식을 하면서 이르기를, 빵 대신에 재를 눈물을 마셨다. 맛있는 빵을 먹지도 않았고, 고기도 포도주도 내 입에 대지 않았다고 말했습니다(단10:3). 아버지의 뜻을 행하는 것이 그분의 양식인데 그분의 단식은 어떠했을까요? 주님이 사십 일간 단식 하셨을 때 그분은 시장하셨습니다. 시험하는 자의 목적은 악을 퍼먹도록 하는 데 있습니다. 이것이 시험의 첫 부분입니다. 왜냐하면 악에 배고파서 악을 적극적으로 바래는 것만이 악을 행하는 지름길이기 때문입니다. 그러나 만일 사람이 악에 저항하면 시험하는 자의 목적은 실패하게 됩니다."

"예수께서 어떤 시험을 받으셨나요?"

"첫째 시험은 당신이 하나님의 아들이거든 이 돌더러 빵이 되라고 해 보시오 입니다. 예수께 악마가 빵이 되게 하라고 요구한 돌은 광야에 있는 돌입니다. 광야의 돌은 유대 교회의 진리를 상징합니다. 따라서 광야의 돌로 빵이 되는 것은 유대교의 진리를 선으로 바꾸라는 것입니다. 그러나 진리는 실천함으로 선이 되는 것입니다. 유대 교회의 진리에서 나온 선은 유대주의적 선이거나 문자 수준의 선 입니다. 따라서 이런 선은 유대인의 입맛에 맞춰질 수밖에 없습니다. 이것은 선이라기 보다는 선의 모방에 불과합니다. 영적 교회의 영적 선이 진정한 선의 본질입니다. 만일 주님께서 이런 빵으로 배고프심을 채우셨다고 한다면, 이는 보내신 분의 뜻을 행하는 것도 아니요 그분의 일을 완성하는 것도 아닙니다."

"아! 그런 의미가 있었군요. 주님은 뭐라고 하셨나요?"

"주님은 세상에 생명을 주시기 위해 하늘로부터 내려온 빵 자체이십니다. 예수께서는 광야에서 무리를 먹이셨을 때 그분은 돌을 가지고 빵으로 만드셔서 먹인 게 아니라 빵과 물고기를 가지고 먹이셨습니다. 이 말은 사람이 빵으로만 사는 것이 아니라 하나님의 입에서 나오는 모든 말씀으로 살리라는 말씀을 기억해야 합니다(신8:3). 구약성서에서 모세가 이스라엘 백성에게 말하기를 너희는 지난 사십 년간 광야에서 너희 하나님 여호와께서 어떻게 너희를 인도해 주셨던가 더듬어 생각해 보아라... 하나님께서는 너희를 고생시키시고 굶기시다가 너희가 일찍이 몰랐고 너희 선조들도 몰랐던 만나를 먹여 주셨다. 이는 사람이 빵 만으로는 살지 못하고 여호와의 입에서 떨어지는 말씀을 따라야 함을 너희에게 가르쳐 주시려는 뜻이라고 말했습니다. 여기서 빵은 예수를 의미합니다. 그분은 진정한 빵이십니다. 그분은 말씀 자체이시고 말씀을 수단으로 인간을 살리십니다."

"첫 번째 시험은 그야말로 진리에 대한 시험이었군요."

"첫번째 시험은 아담이 당한 시험과 같습니다. 즉, 생명 나무 대신 선과 악을 알게 하는 지식의 나무 열매를 먹도록 뱀에 의한 유혹과 같습니다. 첫 아담은 시험에 져서 세상에 죄를 가져왔지만 둘째 아담되신 주님은 시험을 극복하셨습니다. 주님의 세 번 시험은 세 가지 등차를 의미합니다. 즉, 낮은 차원에서 높은 차원으로 진전해 가는 것입니다. 돌을 빵이 되게 하라고 한 시험은 자연적 차원에 속하는 시험입니다. 사탄은 돌이 빵이 되게 해서 배고픔을 채우도록 시험할 때, 주님은 인간은 빵만으로 사는 게 아니라 하나님의 말씀으로 살아야 한다고 하는 진리에 대한 믿음을 말씀하셨습니다. 사탄은 그 믿음을 뒤집을 수 없다고 여기고, 행함을 빼고 믿음만 의지해야 한다고 또 다시 유혹합니다. 그래서 목적 달성을 위해 악마는 그분을 거룩한 성으로 데리고 가서 성전 꼭대기에 세웠습니다."

"성전 꼭대기?"

"사탄은 주님을 거룩한 성으로 데리고 갔다고 했습니다. 거룩한 성은 진리에 관한 교리를 의미합니다. 주님을 거룩한 성으로 데리고 간다는 의미는 그분의 마음을 끌어내어 다른 교리로 관심을 기울이게 하려는 뜻이고, 그분을 성전 꼭대기에 세우는 것은 지적인 자랑을 하도록 해서 마음이 으쓱해지도록 하는 유혹입니다. 우리가 주의할 것은 우리는 주님의 마음을 모른다는 것입니다. 아무리 우리가 가늠해도 우리의 수준으로는 주님의 상태를 계산할 수 없습니다. 그저 우리가 아는 지식은 불완전할 뿐입니다. 하지만 주님은 인간이 겪는 전부를 시험 받으셨습니다. 하지만 그분은 티끌 하나도 용납하시지 않으셨습니다. 반면에 우리는 아무리 시험을 극복했다고 하지만 마치 불에서 꺼낸 타다 남은 숯 덩어리 수준에 불과합니다."

"주님이 당한 시련에 비하면 우리의 시험은 모래 알갱이에 불과하겠군요. 사탄은 예수께 당신이 하나님의 아들이거든 뛰어내려 보시오. 성서에 하나님이 천사들을 시켜 너를 시중들게 하시리니 그들이 손으로 너를 받들어 너희 발이 돌에 부딪히지 않게 하시리라 하지 않았소! 라고 말했습니다."

"사실 우리도 높은 데 올라서면 아래로 뛰어 내리고 싶은 충동을 느끼기도 합니다. 사탄은 인간을 높이 올려줄 능력이 없고, 단지 높아졌다고 자랑하게 할 수는 있습니다. 파멸하기에 앞서서 자만이 옵니다. 사탄이 뛰어 내려 보라고 한 이면에는 곧 자만을 부추긴 것입니다. 왜냐하면 사탄이 인간을 꼭대기에 올린 이유는 아래로 떨어뜨리기 위함입니다. 주님의 뛰어 내림이 의미하는 것을 이해하려면 모세의 율법을 보아야 합니다. '집을 새로 짓거든 옥사에 난간을 둘러라. 그러지 않았다가 사람이 떨어지면 너희 집이 그 피 값을 치러야 할 것이다(신22:8).' 이 법은 영적 진리를 함유하고 있습니다. 집은 마음을 상징합니다. 옥상은 마음의 가장 높고 깊숙한 측면을 의미합니다. 이 법이 의도하는 바는 영적 재난은 삶의 높은데서 낮은 데로, 상급의 상태에서 하급의 상태로 이웃 사랑의 상태에서 믿음의 상태로 떨어지지 말라는 의미입입니다. 이렇게 될 경우, 당사자는 거룩을 범하거나 모독하게 됩니다. 이것이 그의 집안에 피를 불러 들이는 격입니다. 이런 중요한 원리가 모세의 법에 포함되어 있기 때문에 주님께서 마태복음 24장에서 이렇게 말씀하셨습니다. 그 때에는 유다에 있는 사람들은 산으로 도망가라. 지붕에 있는 사람은 집안에 있는 세간을 꺼내러 내려오지 말라(마24:16,17)."

"그렇다면 진보를 해야 되는군요."

"그렇습니다. 진보는 삶의 위대한 법칙입니다. 높은 데서 낮은 데로 떨어지면 질서를 뒤집는 꼴이 됩니다. 스스로 선과 진리 모두를 파괴해 버리는 꼴이 됩니다. 진리에서 선으로 나아가고 믿음에서 사랑으로 더 높게 올라가는 것이 하늘의 뜻입니다. 이것이 신성한 질서의 법칙입니다.”

“성전 꼭대기에서 뛰어내리라는 것은 말씀을 이용해서 인간을 넘어 뜨리려는 사탄의 계교이군요.”

“네, 올라가는 것만이 행복의 지름길입니다. 왜냐하면 그것이 질서이기 때문입니다. 진보 아닌 퇴보 혹은 높은 상태가 아닌 낮은 상태, 고상이 아닌 천함은 지옥을 향해 달려가는 행위입니다. 그것은 선의 반대입니다. 지옥의 경향성은 더 낮은 방향으로 내려가는 반면에 천국의 경향성은 더 높은 쪽으로 오릅니다. 그러므로 사탄이 예수에게 성전 꼭대기에서 뛰어 내리라고 유혹하는 모습은 시편에 있는 예언적 말씀을 이룹니다. '그들이 꾸미는 일은 사기뿐이고 그들의 즐거움은 속임수, 짐짓 거짓을 품고 입으로는 복을 빌면서 속으로 저주를 퍼붓는 구나(시62:4)' 언제나 악마는 성경에 빗대어서 자기 말을 완벽하게 꾸미려고 발버둥 칩니다.”

“악마들은 성경 말씀을 어떤 식으로 이용하나요?”

“악마는 인간에게 이것이 악이므로 악을 행하라고 유혹하지 않습니다. 다만 이것이 좋으니 해보라고 유혹할 뿐입니다. 우선 악한 용도로 진리를 사용하고자 할 때는 진리를 뒤집어 놓아야 합니다. 예컨대, '주께서 너를 두고 천사들을 명하여 너 가는 길마다 지키게 하셨으니 행여 너 돌부리에 발을 다칠새라 천사가 손으로 너를 떠받고 가리라(시 91:11,12)'는 구절이 있습니다. 이 약속은 올바르게 살아가는 이들에게 주어진 약속입니다. 천사가 떠받든다는 말은 질서와 조화를 이루며 사는 이들을 보호한다는 의미입니다. 이 구절은 악을 행하라고 주신 게 아닙니다. 더구나 그분은 천사의 도움이 필요 없으신 분입니다. 오히려 천사가 그분께 기대어야 합니다. 그런데 사탄은 이런 구절을 남용하여 악을 위해 사용할 것을 요구합니다."

"주님께서 악마에게 뭐라고 하시나요?"

"주 너희 하나님을 떠보지 말라고 하셨습니다. 인간이 주님의 능력을 의심하거나 도전하지 말라는 의미입니다. 자신이 잘못된 짓을 하면서도 그 일을 하나님이 후원하신다고 떠벌인다면 그분을 시험하는 격입니다. 이기적인 속셈이 뻔히 들여다보이는 데도 불구하고 하나님이 자신에게 특별한 축복을 주셨다고 입에 거품을 물고 떠들어대는 인간들이 넘쳐 납니다. 선교라는 이름을 걸고 이런 저런 프로그램을 만들어

놓고 돈을 갈취하는 자들의 말을 더 이상 듣기 싫습니다. 내가 보기에도 주님이 하신 일은 아닌 듯 보입니다. 악마의 속삭임은 언제나 이런 식입니다. 우리도 역시 자칫 방심하면 악마의 이런 농간에 넘어갑니다. 자신도 모르게 자신이 꾸민 일을 가지고 구색 맞추기 위해 보기 좋게 하나님을 이용하는 짓을 할 수도 있습니다. 결국 하나님을 시험하게 됩니다."

"주님께서 구약의 말씀을 사용한 이유는 무엇인가요?"

"악마는 예수께서 뛰어 내려서 당신이 하나님의 아들임을 입증해 보라고 시험했습니다. 이는 예수 그리스도의 인격 안에 계신 주 하나님을 그분 스스로 시험하도록 만든 작업입니다. 사실 시험하는 자가 예수를 하나님의 아들로 인정했다면 그분이 시험될 수 없는 분이심을 인정해야 합니다. 다시 말해서 주 너희 하나님을 시험하지 말라고 말씀하신 의미는 신성 자체가 되신 분은 시험을 넘어서 존재하고 계심을 가르치시는 데 있습니다."

"아 그렇군요. 악마가 또 다른 시험을 했지요?"

"네, 마지막 시험은 더 끔찍하고 매우 도전적입니다. 악마는 예수를 아주 높은 산으로 데리고 갔습니다. 산은 사랑을 상징하고 산이 아주 높다는 말은 내적으로 아주 깊은 상태입니다. 이는 생명을 형성하는 사랑을 향한 시험입니다. 인간에게 자아 사랑과 더불어 비슷한 등급은 세상 사랑입니다."

"아! 세상 사랑이라고요? 어떻게 온유하시고 겸손하신 그분이 그런 시험을 받을 수 있을까요?"

"주님은 육신의 어머니로부터 시험이 올 수 있는 유전적 본성을 받으셨습니다. 이것이 시험의 바탕이 됩니다. 주님은 높은 선을 이루셨지만 반면에 그분은 악의 씨를 갖고 태어나셨습니다. 그러나 주님은 고통을 통해 완전해지셨습니다. 그분은 고통을 받으셨습니다. 그분이 고통 받을 수 있는 본성을 지니셨기 때문입니다. 그분은 시험을 경험하셨습니다."

"악마는 예수를 높은 산으로 데려가서 어떻게 하였나요?"

"악마는 세상 모든 나라와 화려한 모습을 보여주었습니다. 사실 높은 산과 세상 나라는 구세주 마음속에 있습니다. 왜냐하면 세상은 그분의 마음 안에서 그분의 열정과 흥미와 더불어 존재해야만 합니다. 그런데 악마가 주님을 높은 산으로 데리고 가서 세상 모든 나라를 보여 준 이유가 무엇일까요? 사실 자아 사랑과 세상 사랑은 인간 본성을 구성하는 필수

요소입니다. 인간이 세상에서 살아가는 동안 그것을 사랑하지 않으면 세상에 대해 열심 내지도 않기 때문입니다. 사랑 없이 행동도 없습니다. 따라서 세상에서 우리에게 오는 시험은 세상을 사랑하는 자체가 아니라 세상 것을 소유한 악마에게 절하는 데 있습니다. 세상이 하나님의 것이라고 인정한다면 우리는 죄짓지 않습니다. 다시 말해서 세상이 문제가 아니라 그것을 남용하는데 있습니다. 모든 남용은 악에서 근원이 되기 때문입니다. 이것이 추상적 측면에서 악마입니다."

"그러면 소유에서 자유로워야 하겠군요."

"악마는 세상을 자기 소유라고 우기고 세상의 소유자로 경배되기를 원합니다. 시험은 세상을 소유하려는 데서 발단됩니다. 사람은 누구를 섬기느냐에 따라 그것의 지배를 받습니다. 만일 우리가 자신이나 세상을 사랑한다면 자아 또는 세상이 예배의 대상이 되고 말 것입니다. 악마는 마음 안에서 자기 사랑과 세상 사랑을 흥분시키려고 발버둥 칩니다."

"그러면 시험에서 벗어나려면 어떻게 해야 할까요?"

"중요한 것은 하나님과 자아 중 어느 쪽을 섬겨야 할까 하는 부분입니다. 생명과 죽음에 관한 이 질문에 어떤 결정을 내리느냐에 따라 시험이 선용으로 전환될 수 있습니다. 악마는 우리에게 이렇게 넌지시 떠봅니다. '당신이 내 앞에 절하면 이 모든 것을 당신에게 주겠소!' 반면에 주님은 '주 너희 하나님을 경배하고 그분만을 섬겨라' 고 말씀하십니다."

"아, 그렇군요. 주님은 무엇으로 이기셨나요?"

"예수께서는 진리로 시험을 극복하셨습니다. 아담과 하와는 진리를 붙잡지 않았기 때문에 옛 뱀이 주는 독을 마시고 사망의 길로 갔지만, 주님은 진리를 가지고 이기셨으므로 옛 뱀이 독을 주입하고자 했지만 독을 해독하셨습니다. 진리는 악마의 독을 해독하는 해독제와 같습니다."

"우리도 주님처럼 악마를 이길 수 있을까요?"

"우선 그분의 말씀에 귀를 기울여야 합니다. 말씀은 세상과 자아를 하나님보다 높이려는 악의 시험과 싸우는데 있어서 무기 창고와 같습니다. 진리라는 무기를 가지고 싸우는 사람은 결코 요동치 않습니다. 주님은 우리에게 시련을 허용하시지만 우리가 감당할 수 없는 그 이상의 시험은 결단코 허용하지 않으십니다. 따라서 모든 시련에는 반드시 돌파구가 있습니다. 그 돌파구는 주님의 진리에 순종할 때만이 찾을 수 있습니다."

☞ "왜 주님께서 인간 세상에 내려와 악의 씨를 담은 인간 본성을 입으시고 시험을 받으셔야 했나요?"

"그 부분에 대해 설명해 드리겠습니다. 주님께서 인간 본성을 입으신 것은 인간이 해야만 하는 일을 하시기위해서 입니다. 주님 스스로 그 일을 하신 목적은 그 일을 하심으로 우리 안에서 그 일을 해주시기 위함입니다. 다시 말해서 우리가 받을 수 있는 모든 시험을 받으신 것입니다. 그분이 시험을 참으신 것은 시험 당하는 인간들을 도와주기 위함입니다."

"그렇다면 결국 우리가 시험에서 이기도록 도와주시기 위해 주님께서 시험을 당하셨군요."

"주님께서 이런 말씀을 하셨습니다. 그들을 위하여 내가 나를 거룩하게 하오니 이는 그들도 진리로 거룩함을 얻게 하려 함이라고 하셨습니다(요17:19). 한마디로 주님의 시험은 그분의 인성이 거룩해지고 영화롭게 하시기 위함입니다. 이렇게 하심으로 인간에게 거듭남과 거룩해짐의 모범이 되셨습니다. 주님께서 불완전한 인간 본성을 입지 않으셨다면 그분은 시험이 없을 뿐 아니라 시험의 고통으로 참고 완전하실 일도 없었습니다."

"어떤 이는 주님은 우리와 다르다고 말합니다. 그러므로 죄를 지을 수 없는 몸을 지니고 있었다고 말합니다."

"그렇지 않습니다. 주님과 우리 인간의 차이점은 출생 당시의 상태 때문이 아니라 삶의 상태 입니다. 예수께서도 우리와 같이 여인의 몸에서 태어나셨습니다. 그러나 그 분이 우리와 다른 것은 삶의 측면 즉 시련과 시험에 관한 부분입니다. 예컨대, '그분은 시험 당하셨으나 죄가 없으셨다' 는 구절을 출생에 관한 말씀으로 도입된다면 속된 말로 짜고 치는 고스톱이라는 말이 되지 않겠습니까? 만일 그렇다면 그분이 도덕인 면에서 절대로 자유로우셨다는 근거가 제시되어야만 합니다."

"아! 그렇군요. 그분이 세상에 계시는 동안 시험에 대해 자유롭지 않으셨군요."

"결론적으로 말해서 주님께서 죄가 없으셨다는 위대한 공로에는 위대한 가치를 구성합니다. 그분이 지옥의 악의 권세를 연약한 인간 본성을 가지고 만나셨지만, 시험받을 때마다 정복하시었습니다. 그분은 어둠의 권세를 극복 하시고 인간 본성을 영화롭게 하셨습니다. 그분이 시험을 정복한 만큼 지옥과 죽음의 열쇠를 쥐고 계십니다. 주님은 이렇게 말씀하십니다. 승리하는 자는 마치 내가 승리한 후에 내 아버지와 함께 아버지의 보좌에 앉은 것같이 나와 함께 내 보좌에 앉도록 하여 주겠다(계3:21)."

"시험 이후의 승리를 말씀하는군요."

"시험이 끝났을 때, 악마는 물러가고 천사들이 와서 예수께 시중들었습니다. 주님은 천사의 도움을 요구하시지 않았습니다. 비록 천사가 인간보다는 수준이 높다고 할지라도 유한한 존재는 높으신 그분을 도울 수가 없습니다."

"천사의 수종은 무엇을 의미하나요?"

"천사가 그분께 시중들었다는 말은 마치 헌신된 사람이 그분을 섬기는 것과 같습니다. 그분이 원하시는 것을 행함으로 섬김이 이루어집니다. 우리가 그분의 뜻을 행함으로 그분께 시중듭니다. 이는 우리에게 교훈이 됩니다. 주님은 우리 본보기이십니다. 우리도 역시 악마에 저항하면 악마는 물러가고 대신 천사가 우리를 시중들게 됩니다. 이는 하늘을 향해 나아가는 우리에게 큰 위로가 됩니다."

서로 나누기

☞ **배운 것을 삶에 적용할 수 있도록 서로 나눠봅시다.**

● 숫자 40 은 무엇을 의미하는가?

● 돌이 빵이 되는 시험을 설명해 보세요.

● 성전에서 뛰어 내리는 시험은?

● 세상 만국을 가지라는 시험은?

●생각해 보기●

악령들은 마음속에서 거듭나지 않은 성품을 흥분시키려고 요동을 칩니다. 하지만 천사들은 진리의 가르침으로 우리에게 가까이 접근해서 천국으로 우리를 인도해 갑니다.

우리가 알아야 할 것은 애정이란 언제나 전진한다는 것입니다. 비록 우리의 지성이 애정과 이견을 보인다 해도 애정은 지성을 장악해서 끌고 갈 수 있습니다.

그러므로 천사들이 우리의 애정을 인도하게 하려면, 우리는 진리를 사랑해야 하고 그 사랑한 만큼 가능해집니다. 그러면 우리의 거듭나지 못한 마음속에 든 악한 기질이 우리를 장악하지 못합니다. 시험은 모든 이에게 옵니다.

그러나 선한 사람의 시험은 자신을 더 순수해지게 만들고, 악한 자에게는 자기의 악을 더 확증하는 기회가 됩니다.

42

“숫자 42 는 무엇을 의미하나요?”

“42는 7×6 으로 이루어졌습니다. 7 은 거룩을 의미하고 6은 노동을 의미합니다. 고로 42 는 거룩하기 위한 인간의 노동을 의미합니다. 마흔 두 달의 의미는 한때, 두때 그리고 반때 또는 1,260일도 있습니다.”

“사도 요한이 환상을 보면서 이렇게 말했습니다. 나는 바다에서 짐승 하나가 올라오는 것을 보았습니다. 그 짐승은 뿔 열과 머리 일곱이 달려 있었는데, 그 뿔 하나하나에 왕관을 쓰고 있고, 그 머리 하나하나에는 하나님을 모독하는 이름이 붙어 있었습니다. 내가 본 그 짐승은 표범과 비슷한데, 그 발은 곰의 발과 같고, 그 입은 사자의 입과 같았습니다. 그 용이 자기 힘과 왕위와 큰 권세를 이 짐승에게 주었습니다. 그 머리들 가운데 하나는 치명상을 입은 듯 하였습니다. 그러나 그 치명적인 상처가 나으니, 온 세상은 놀라서 그 짐승을 따라갔습니다. 용이 그 짐승에게 권세를 주니, 사람들은 그 용에게 경배하였습니다. 또 그들은 '누가 이 짐승과 같으랴? 누가 이 짐승과 맞서서 싸울 수 있으랴?' 하고 말하면서, 그 짐승에게 경배하였습니다. 그 짐승은, 큰소리를 치며 하나님을 모독하는 말을 하는 입을 받고, 마흔두 달 동안 활동할 권세를 받았습니다(계13:1-5)."

"종교적 원리는 성경과 이성에 의해 지탱됩니다. 건전한 이성이 있을 때 성경의 참 의미를 이해할 수 있습니다. 반면에 왜곡된 이성을 가지면 어리석은 해석을 하거나 추론을 하게 됩니다. 짐승은 일곱 머리와 열 뿔이 있고 각 뿔에 관을 썼습니다. 짐승은 거짓 종교를 붙잡고 지지하는 자들입니다. 머리 위에 쓴 관은 마음에 있는 진리를 의미하고, 뿔 위에 관은 뭔가를 입증하기 위해 들이댄 진리를 뜻합니다. 그런데 이 짐승은 자기 머리에 하나님을 모독하는 이름이 있습니다."

"머리 일곱은 무엇을 의미하나요?"

"일곱은 거룩한 숫자입니다. 하지만 짐승의 머리에 하나님을 모독하는 이름은 노골적으로 거룩한 진리를 더럽힌 것을 의미합니다."

☞ "요한은 짐승에 대해 어떤 묘사를 하나요?"

"짐승이 표범과 같고, 발은 곰의 발과 같고, 입은 사자의 입과 같다고 했습니다. 표범의 얼룩 무늬는 화려하지만 표범의 성질은 몹시 사납습니다. 표범은 외적 감각으로 즐겁지만 영혼은 매우 위험한 형상을 가진 자를 의미합니다. 표범의 얼룩 무늬 가죽은 진리와 거짓이 혼합된 상태입니다. 또 짐승은 곰의 발과 사자의 입을 가졌습니다. 곰은 말씀의 문자적 의미를 상징하고, 곰의 발은 가장 낮은 수준의 진리를 의미합니다. 겉으로만 하나님을 인식하는 자들은 수준 낮은 진리를 가지고 있습니다. 예컨대, 하나님에 대해 성내시는 분, 복수하시는 분 그럼에도 용서하시는 분이라고 말합니다. 하나님을 자기 수준대로 설명하는 것입니다. 입은 교리를 의미하는데, 사자의 입은 대단한 세력의 교리를 말합니다. 용은 이런 교리에 그의 힘과 큰 권위를 주었습니다."

"어떤 교리인가요?"

"행위와는 전혀 관계없이 믿음만으로 구원받는다는 교리입니다. 그 교리는 용에서 파생된 힘과 권위를 지녔음에도 불구하고 머리에 치명상을 입어서 거의 죽게 되었습니다. 이 치명상은 진리에 의해 타격을 받은 것입니다. 믿음만으로 구원받는다는 교리에 치명상을 입힌 말씀은 어떤 가르침일까요? 그것은 선한 일에 관한 가르침입니다. 구약의 경우, 이 가르침은 언약으로 나타납니다. 신약에 와서는 은혜의 교리로 폐지되는 듯 보입니다. 그러나 우리는 주님께서 하신 말씀, 나는 율법을 폐지시키러 온 것이 아니라 완성하러 왔다는 구절과 젊은 부자 청년에게 주신 대답, '네가 생명의 나라로 들어가려거든 계명을 지켜라' 는 가르침을 되새겨 보아야 합니다."

"그런데 어떻게 잘못된 교리가 치료되었을까요?"

"아전인수격으로 아구를 맞춰놓는 식입니다. 예컨대 이런 식입니다. 그들은 주장하기를, 주님은 율법을 폐하러 온 게 아니라 완성하시러 온 것은 우리를 '구원의 조건'으로부터 해방시켜 주셨다는 것입니다. 즉, 아무런 대가 없이 우리를 구원하시는 것이 주님의 은혜라는 것입니다. 고로 무슨 짓을 하든 어떤 행동을 하든 구원은 이미 받았다고 확신만 하면 된다는 것입니다. 이것을 온 세상 사람들이 놀랍게 여겼습니다. 그것은 주님의 진리를 살짝 비껴 설명하면서 거짓 교리가 치료가 된 것입니다."

☞ "용을 경배하는 것은 무엇을 의미합니까?"

"사람들은 짐승에게 권세를 준 용을 경배하였습니다. 그들은 짐승에게 절을 하며 '이 짐승처럼 힘센 자가 어디 있는가? 누가 이 짐승을 당해 낼 수 있겠는가? ' 하고 외쳤습니다. 용을 경배한다는 것은 거짓 원리를 인정하는 말이고 짐승을 경배한다는 것은 교리를 인정하는 것입니다."

☞ "마흔 두 달 동안 권세를 받았다는 말은?"

"짐승의 행동은 곧 품성과 잘 어울립니다. 그 짐승은 큰 소리를 치며 하나님을 모독하는 입을 가지고 마흔 두 달 동안 권세를 받았습니다. 머리에 하나님을 모독하는 말을 쓰고 있듯이 진리를 뒤집고 있습니다. 이것을 성공적으로 해냈기에 마흔 두 달 동안 세도가 주어졌습니다. 거짓 교리의 독단적 세도는 새 것이 시작할 때까지 계속될 것임을 말해줍니다. 세도가 끝나자, 짐승은 하나님을 모독하기 시작했고, 성막을 모독했으며 하늘에 사는 자들에게 욕설을 퍼부었습니다. 이 짐승의 독단적 행동과 주장은 하나님의 신성을 부정함으로 진리를 뒤집어 버립니다. 또한 성막으로 의미된 예배와 온전한 교리와 하늘에 거주하는 자로 의미된 천국의 원리를 뒤집어 버립니다."

"마흔 두 달 동안 권세를 받았다는 의미는 독단적인 권세가 새 것이 올 때까지 지속된다는 말이군요."

"네, 마흔 두 달은 진리와 선이 남지 않은 상태를 의미합니다. 새로운 상태가 시작될 때까지는 그 힘이 유지될 것입니다. 마흔 두 달은 교회의 끝과 새 교회의 시작입니다."

"아! 그때까지 성도는 어떻게 견디어야 하나요?"

"성도는 인내를 가지고 버티어야 합니다. 시험 당할 때 반드시 있어야 하는 것이 인내입니다. 약속을 받기 위해서는 시련은 당연히 수반되는 과정입니다. 곤경의 때에 하나님에 대한 의무에 실패하게 하는 요인은 낙심입니다. 낙심하지 말고 충성스런 마음으로 견뎌내야 합니다."

서로 나누기

☞ **배운 것을 삶에 적용할 수 있도록 서로 나눠봅시다.**

- 숫자 42 는 무엇을 의미하는가?
- 짐승이 42달 동안 권세를 받았다는 말은 무슨 의미인가?
- 짐승은 무엇을 의미하는가?

●생각해 보기●

"하늘나라 복음이 온 세상에 전파되어, 모든 백성에게 밝히 알려질 것이다. 그리고 나서야 끝이 올 것이다" 는 구절이 있습니다. 복음이 지상의 모든 곳에 도달 한다는 것 뿐 아니라, 내 마음의 세상적인 부분에 복음의 영향을 받게 해야 한다는 뜻입니다. 거듭나지 못한 마음에 끝이 온다는 뜻입니다.

씨가 뿌려진 밭은 세상입니다. 이는 자연적 마음이요, 세상의 일을 담당하는 마음을 말합니다. 그러므로 진리는 영적 마음에 심어지고 또 반드시 자연적인 마음에도 심겨져야 합니다. 즉, 각 사람은 거듭나지 않은 자연적 마음을 통제해 천국에서 승리를 얻기 위해 준비되어야 한다는 말입니다.

주님은 거룩한 진리의 씨를 인간의 영에 뿌리시되 인간의 자연적 마음까지도 뿌리시어 진리가 세상의 삶속에서 통제해 가도록 하십니다.

45

"숫자 45 는 무엇을 의미하나요?"

"45는 5×9 로 이루어졌습니다. 5 는 아주 조금을 말하고 9 는 결합을 의미합니다. 45 는 어느 정도의 결합을 의미합니다. 소돔 성을 멸하러 온 천사와 아브라함과 대화 장면입니다. '의인이 쉰 명에서 다섯이 모자란다고 하면, 어떻게 하시겠습니까? 다섯이 모자란다고 성 전체를 다 멸하시겠습니까? ' 그러자 천사가 대답합니다. '내가 거기에서 마흔다섯 명만 찾아도 그 성을 멸하지 않겠다(창18:28)."

"무슨 의미인가요?"

"45는 적은 결합입니다. 다시 말해서 진리와 선이 조금 있더라도 결합된다면 구원이 가능하다는 것을 말합니다."

☞ "그렇군요. 결합은 무엇을 의미합니까?"

"결합은 주님께서 빵을 떼시는 것과 같습니다. 우리들은 그것을 받아먹는 것이고요. 빵을 떼심은 선을 수단으로 결합함을 상징합니다. 주님께서 부활하신 후 제자들이 그분께 구운 생선과 벌집을 드렸는데 구운 생선은 사랑으로 봉사하는 지식입니다. 그리고 벌집은 기쁨을 상징합니다. 이것을 우리 마음에 적용한다면 구운 생선과 벌집은 말씀의 지식과 그 즐거움을 의미합니다. 그것이 우리의 기쁨입니다."

☞ "엠마오로 가던 제자들에게 부활하신 주님께서 빵을 떼시고 축사하시자 그들의 눈이 열렸습니다(눅24:13-53)."

"엠마오로 가는 두 제자는 며칠 사이에 있었던 사건을 이야기하면서 슬퍼했습니다. 예수께서 그들에게 다가가서 나란히 걷는데도 그들의 눈이 가려져서 그분이 누구신지 알아보지 못했습니다. 그들의 침통한 표정을 보시고 주님은 '너희가 어리석다! 예언자들이 말한 모든 것을 그렇게도 믿기가 어려우냐?' 고 말씀하셨습니다. 그들이 자신의 눈으로 확인하는 것 대신에 예언자들의 말을 믿기로 선택했다면 주님께서 십자가에서 죽으심으로 인해 낙심하지 않았을 것입니다.

그리고 주님께서는 메시아에 관해 예언된 성경의 속 뜻을 설명해 주셨습니다. 그러자 그들은 눈이 뜨여졌습니다."

"속 뜻은 무엇인가요?"

"주님께서 그들에게 주신 속 뜻은 '그분이 성경을 열어 주셨다' 고 하신 부분입니다(눅24:23)."

"속 뜻을 알고 그들이 주님을 알아보았나요?"

"그렇습니다. 초대 기독교인들은 율법서와 예언서 그리고 시편이 속 뜻이 있음을 알고 있었습니다. 많은 이들이 수세기 동안 성경의 속 뜻을 파악해 보려는 노력을 기울여 왔습니다. 그러나 많은 사람들은 여전히 말씀의 속 뜻에 대한 지식을 배울 준비가 되어 있지 않았습니다. 주님께서 최후의 만찬에서 '아직도 나는 할 말이 많지만 지금은 너희가 그 말을 알아들을 수 없을 것이다' 라는 말씀을 하셨습니다(요16:12). 말씀의 속 뜻이 열리는 수준까지 도달하기까지는 많은 세월이 필요했습니다. 말씀을 여신다는 것은 곧 그분과 결합을 의미합니다."

"말씀의 속 뜻은 무엇입니까?"

"속 뜻은 말씀의 내적 의미입니다. 주님의 겉옷은 말씀의 문자적 진리를 표현하고 그분의 속옷은 말씀의 내적 의미를 의미합니다. 십자가에 달리신 주님의 겉옷을 로마 군인들이 나눠 갖거나 제비를 뽑은 사건은 오늘날 사람들이 주님의 겉옷을 나눠 가지는 것과 같습니다. 이것을 풀어서 말하면 자기들이 믿고 싶어 하는 말씀의 글자만을 인정합니다. 그러나 내적 의미는 이런 방식으로 취급될 수 없습니다. 그것은 통으로 짠 것이기 때문입니다."

"인간에게 내적 의미는 무엇입니까?"

"말씀의 내적 의미는 두 개의 큰 주제 즉, 주님의 영화하심과 인간의 거듭남을 밝히는데 사용됩니다. 둘은 원인과 결과와 같습니다. 주님의 영화하심은 인간 거듭남의 원인이 됩니다. 인간이 거듭날 수 있는 것은 주님께서 부활하심으로 영화롭게 되셨기 때문입니다. 다시 말해서 주님께서 영화하심으로 주님은 인류의 구세주가 되셨고, 거듭남을 수단으로 우리는 구원을 얻게 되었습니다."

서로 나누기

☞ 배운 것을 삶에 적용할 수 있도록 서로 나눠봅시다.

● 숫자 45 는 무엇을 의미하는가?

● 엠마오로 가는 제자에게 주님께서 빵을 떼시므로 무슨 일이 일어났나요?

● 말씀의 내적 의미는 무엇인가요?

●생각해 보기●

오늘날의 기독교계의 모습과 비슷하게 유대교 역시 교파가 나뉘어져서 제각기 진리라 주장하였기 때문에 서로 으르렁댔습니다. 결국 그들이 진리라고 주장하는 것으로 말씀은 조각조각 흐트러졌습니다. 조각조각 난 까닭은 말씀의 글자적 의미 때문입니다. 문자 속의 진리는 가상적 진리로 여러 가지 해석을 낳았고 다양한 뜻을 불러 왔습니다.

그러나 중요한 것은 말씀의 내적 의미는 가상적 진리가 아닌 순수한 진리, 본질적 진리, 진짜 진리로 존재한다는 사실입니다. 진리는 해석의 문제가 아닙니다. 이것은 통으로 짠 주님의 속 옷입니다. 문자적으로 제 아무리 찢겨도 내적 의미는 영원히 하나로서 보존됩니다. 만일 말씀이 모두 파괴된다면 구원의 작업은 불가능하게 됩니다.

50

"숫자 50 의 의미는 무엇인가요?"

"50 은 7×7 = 49 의 뒤를 이어 이루어졌습니다. 50 은 진리의 어느 정도 충분한 결합을 의미합니다."

"오십은 어떤 경우에 사용되나요?"

"은 오십은 신랑이 신부를 위해 신부 아버지에게 주는 지참금의 액수입니다(신22:29). 이는 진리가 선과의 결합의 시작을 의미합니다. 50일은 일곱 안식일의 축제로 50년 째를 희년(안식년)이라고 말합니다. 또한 레위인은 오십 살까지 직무를 감당하게 됩니다. 오십은 성막 섬김의 직책에서 해제되는 충분한 나이입니다. 벌금으로 제시되는 은 오십은 충분한 배상입니다."

"아브라함이 천사와 대화하는 중에 성 중에 의인 오십 명이 있을지라도 주께서 그 곳을 멸하시고 그 오십 의인을 위하여 용서하지 아니하시리이까?...여호와께서 이르시되 내가 만일 소돔 성읍 가운데에서 의인 오십 명을 찾으면 그들을 위하여 온 지역을 용서하리라' 고 했습니다(창18:24-26)."

"50 은 진리와 선이 어느 정도 가득한 상태를 의미합니다. 성 한가운데에 의인 오십이 있다면 이라는 말은 진리 안에 선이 있다는 의미입니다."

"주님께서 제자들에게 어떤 부자에게 청지기가 있는데 그가 주인의 소유를 낭비한다는 말이 그 주인에게 들려서 주인이 그를 불러 이르되 내가 네게 대하여 들은 이 말이 어찌 됨이냐 네가 보던 일을 셈하라 청지기 직무를 계속하지 못하리라 하니... 청지기가 주인에게 빚진 자를 일일이 불러다가 먼저 온 자에게 이르되 네가 내 주인에게 얼마나 빚졌느냐 묻고 기름 백 말이니이다 이르되 여기 네 증서를 가지고 빨리 앉아 오십이라 쓰라 하였습니다. 그러자 주인이 이 옳지 않은 청지기가 일을 지혜 있게 하였으므로 칭찬하였다고 했습니다(눅16:1-8)."

"많은 이들이 부정한 청지기의 비유를 혼동합니다. 그 비유에서 주인이 부정직한 청지기를 칭찬하는 것처럼 보이기 때문입니다. 이 비유를 다른 각도에서 보면, 비유 속에 담긴 의미가 우리의 마음에 더 다가옵니다. 즉, 우리의 소유는 모두 주님으로부터 온 것이며, 그분을 잘 섬기도록 우리에게 위탁된 것입니다. 우리는 이러한 소유물로 주님을 섬겨야 하는데 때로 자아를 섬기는데 이용합니다. 따라서 우리는 주님께 빚을 지고 있는데, 그분께 빚진 것을 아무리 갚더라도 다 갚을 수 없는 빚을 지고 있습니다."

"청지기가 기름 백 말을 오십이라고 쓰라고 했는데, 무슨 의미인가요?"

"숫자는 정신적 삶의 상태나 조건을 의미합니다. 예컨대, 100 은 완성을 말하고 100 과 대조해 볼 때 50 은 비록 부족하지만 충만하다고 인정함을 의미합니다. 기름 100 말과 밀 100 섬은 우리가 주님께 빚진 사랑과 선행을 의미한다. 50 말은 우리가 실재로 갚을 수 있는 충분한 분량을 의미합니다. 이것이 우리에게 주는 교훈은 우리가 잘못을 행했을 때 그것을 기꺼이 인정하고 그것이 원상복귀 되도록 최선을 다

하면서 미래에는 좀 더 나은 행동을 하게 될 것을 결심하는 것입니다. 주님께 진 빚을 완전 청산할 수 있는 자는 아무도 없습니다. 그러나 지난 과거는 더 이상 어쩔 수 없으니 과거지사로 버려두고 새롭게 선을 쌓는 것은 가능합니다. 다시 말해 우리가 주님께 진 빚을 갚을 수 있는 행위는 오로지 미래에 한해서만 가능합니다. 그러므로 악을 금하고 계명을 지킴으로 일부라도 빚 청산이 가능합니다. 결국 우리는 기름 백 말을 지불할 수는 없고 오십 말만 지불이 가능합니다. 즉, 과거를 속죄하고 이제라도 선한 질서로 살아야 합니다."

"그렇군요. 참으로 흥분되는 일입니다. 주님께서 기회를 제공해 주시는군요. 오십 말을 갚도록 문서에 적는 것은 비록 부족하더라도 최선을 다하면 그것으로 충분하다고 인정해 주시는 것이군요."

"누구도 과거로 되돌아갈 수는 없기 때문입니다. 만일 누군가가 주님께 빚졌음을 마음으로 인정하고 계명을 지켜 나간다면 그는 생명책에 부채 액수가 차감될 것입니다. 그 후에 그는 심판됩니다. 만일 그가 새로운 삶을 산다면 부채액의 절반은 해결되는 것입니다."

"아! 그 말을 들으니 가슴이 뛰고 덜컹거립니다. 우리는 주님께 진 빚을 모두 갚을 길이 없습니다. 다만 이제부터라도 기회를 주신다면 힘닿는 대로 얼마라도 빚을 갚고자 합니다. 이제 다시한번 결단하여 최선을 다하겠습니다. 그러면 이제 무엇부터 해야 할까요?"

"중요한 것은 주님께 빚진 것을 갚으려고 노력하지 않고 빚을 탕감해 달라고만 애원하는 것을 부끄럽게 여겨야 합니다. 주님은 비유를 통해서 우리가 할 수 있는 데까지 해보라고 권고하십니다. 자신의 죄와 허물을 지금이라도 인정하고 이제부터라도 지혜롭게 행동하라는 뜻입니다."

☞ "잘 알겠습니다. 주님께서 '너희의 조상 아브라함은 나의 날을 보리라고 기대하며 즐거워하였고 마침내 보고 기뻐하였다고 말하자 유대인들이 예수께 말했습니다. '당신은 아직 나이가 50세도 안되었는데, 아브라함을 보았다는 말이오?' 그러자 예수께서 그들에게 말씀하셨습니다. '내가 진정으로 진정으로 너희에게 말한다. 아브라함이 태어나기 전부터 내가 있다' 고 말씀하셨습니다(요8:54-59)."

"주님의 선포에 유대인은 당신이 아직 쉰 살도 못 되었는데 아브라함을 보았단 말이오? 하면서 따져 물었습니다. 아주 수준 낮은 질문입니다. 비록 유대인들이 수준 낮은 핀잔을 던졌지만 그 말속에는 주님에 대해 예시적 의미를 담고 있습니다. 오십이라는 단어는 진리가 선으로 채워진 충분한 상태를 의미하기 때문입니다."

"아브라함이 태어나기 전에 주님이 먼저 계셨다는 말씀이 군요."

"네, 유대인들은 구세주의 영원성과 신성을 부인함으로 주님을 끌어 내리려고 하였습니다. 주님은 유대인들에게 이런 말씀을 하셨습니다. '잘 들어 두어라. 나는 아브라함이 태어나기 전부터 있었다.' 주님은 아브라함이 있기 전부터 계셨으며 지금도 계시고 전에도 계셨고 장차도 현존하시는 전능하신 분이십니다. 또 예수께서는 개개인의 마음의 경험 안에 계실 뿐 아니라 세상 역사와 교회의 진보 안에 계십니다."

"그래서 주님은 처음과 마지막이 되신다는 하는군요."

"네, 그분은 생명의 원리와 상태의 원형과 예표이십니다. 영혼 속에서 깊은 생명이 되십니다. 마음의 영적 활동의 원인이 되십니다. 그러면서 선한 행위의 결과가 되십니다."

"말로 다 표현하기 어려운 분이시군요. 그분을 알아가는 것이 그저 놀랍기만 합니다. 이 땅에서 그분을 알았다는 사실이 얼마나 큰 복인지요. 그분을 더 깊게 알지 못하는 제한된 나의 지식과 적은 소견이 안타까울 뿐입니다."

"유대인들은 주님의 선포를 듣고는 돌을 집어 들고 예수를 치려고 하였습니다. 돌은 원리를 의미합니다. 거듭나지 않은 자연인은 거짓 추론과 왜곡된 원리를 집어 들고 인성의 옷을 입고 계신 영원하신 분을 그들의 생각으로 치려고 합니다."

"왜 그럴까요? 진리를 듣고 기뻐해야 하는 것 아닌가요?"

"거듭나지 않은 자연인에게는 진리를 파괴하고 싶은 속성이 있습니다. 예수께서는 몸을 피하여 성전을 떠나 가셨습니다. 거짓 관념이 진리에 폭력을 휘두르고 훼방할 때 그들의 시야에서 조용히 사라짐으로 심각한 일이 벌어지지 않도록 하셨습니다."

"그래서 성전을 떠나 가셨군요."

"역사적 의미에서 이 상황은 유대 교회로부터 주님이 떠나신 것을 말합니다. 이것이 성전을 떠나심입니다."

서로 나누기

☞ 배운 것을 삶에 적용할 수 있도록 서로 나눠봅시다.

- 숫자 50 은 무엇을 의미하는가?
- 기름 백말을 왜 오십이라고 적으라고 했나요?
- 유대인이 예수를 보고 쉰이 안되었다는 말은?

●생각해 보기●

주기도문에서 '우리에게 죄지은 자를 탕감해주듯이 우리의 죄를 탕감해주소서' 라고 했습니다. 모든 인간은 용서받을 필요가 있습니다. 다시 말해 어느 누구도 한번도 옆길로 새지 않고 거룩한 길을 간 자는 없습니다.

어떤 사람도 자아 사랑과 자만으로 눈먼 상태가 아닌 자는 하나도 없습니다. 모든 사람은 죄인인 바, 하나님의 영광을 가리고 있습니다. 그러나 자신이 빚진 자, 죄인이라는 의식을 가지고 겸손한 인생을 사는 자는 드뭅니다.

따라서 용서라는 겉옷으로 덮어 씌워져야 합니다. 우리가 저지른 것에 대한 용서가 없으면 우리의 거처는 어둠일 뿐입니다. 따라서 어떤 모습으로든 죄 용서를 비는 것은 경건한 예배 의식 중에서 제일 가는 부분을 차지할 수밖에 없습니다. '우리의 잘못을 용서하옵소서' 는 모든 이의 겸손한 애원이어야 합니다.

60

"숫자 60 은 무엇을 의미하나요?"

"60은 5×12, 6×10, 2×30 으로 이루어져 있습니다. 60은 수고를 통해 확증된 선과 진리의 상태입니다. 진리가 심겨지는 충분한 시간과 상태를 의미합니다."

"주님께서 비유로 이렇게 말씀하셨습니다. 옥토에 떨어진 씨가 백배의 열매가 된 것도 있고 육십 배, 삼십 배가 된 것도 있다고 말입니다."

"숫자는 상태의 특성을 의미합니다. 3×10 은 교훈에 의해 선과 진리, 6×10은 시험을 통해 확증된 선과 진리, 10×10은 생활로 확증된 선과 진리를 의미합니다. 그러므로 이 숫자는 열매의 품질을 의미합니다. 삼십 배, 육십 배, 백 배는 생명의 상태와 수준을 의미합니다. 포도나무의 모든 가지가 저마다 열매를 맺지 않으면 농부는 그 가지를 잘라 버린다고 했습니다. 모든 가지가 일률적으로 같은 품질의 앨매를 맺으라는 것은 아닙니다. 아마 그런 요구를 할 농부도 없을 것입니다. 삼십 배, 육십 배, 백 배의 결실은 열매의 양을 말하는 게 아니라 품질의 차이를 두고 하신 말씀입니다."

"열매가 무엇인가요?"

"선한 행위가 열매입니다. 어떤 자에게 선한 행위는 단순한 순종의 열매일 수 있고 또 어떤 사람의 선한 행위는 이타애의 열매이기도 하고 혹 어떤 이는 사랑의 열매이기도 합니다. 삼십 배, 육십 배, 백 배라는 말로 주님께서 지적하신 것들은 거듭나는 생명의 상태와 수준을 의미합니다. 또는 거듭나는 인물의 세 부류를 표현합니다."

"왜 열매를 맺지 못할까요?"

"듣고 깨닫지 않기 때문입니다. 또 어떤 사람은 듣고 깨달았지만 실행하지 않기 때문입니다. 그러나 첫 단계로부터 계속 진보해서 결국 수확의 단계에 이른 사람도 있습니다. 열매가 모든 과정을 완성시킵니다. 주님께서는 '너희가 많은 열매를 맺어 나의 제자가 된다면 내 아버지께서 영광을 받으실 것이다' 고 하셨습니다(요 15:8). 포도나무의 모든 가지가 저마다 열매를 맺지 않으면 농부는 그 가지를 잘라 버립니다. 열매를 맺는 모든 가지는 모두 참 포도나무의 가지들입니다."

☞ "누구든지 주께 드리기로 서약하고 그 사람에 해당되는 값을 돈으로 환산하여 드리기로 하였으면, 스무 살로부터 예순 살까지의 남자의 값은 성소에서 사용되는 세겔로 쳐서 은 오십 세겔이라고 했습니다."

"사람이 서약함은 의지와 이해가 동의함입니다. 사람이 주님을 위한 값은 선의 상태를 평가함을 뜻합니다. 이십 세 남자의 값은 진리에 총명한 상태를 말하고 육십 세는 시험을 견디는 능력을 의미합니다."

서로 나누기

☞ 배운 것을 삶에 적용할 수 있도록 서로 나눠봅시다.
- 숫자 60 은 무엇을 의미하는가?
- 육십 배 열매는 무엇을 의미하는가?
- 남자 나이 육십은 무엇을 의미하는가?

●생각해 보기●

교회 안에는 진정으로 주님을 따르고자 하는 자와 그저 따르는 시늉만 하는 자가 섞여 있습니다. 인간은 선과 악에 대한 경향성을 지니고 있습니다. 주님과 천사는 개인 또는 교회에서 선을 보호하기 위해 역사합니다. 그러므로 우리가 세상에서 사는 한 영적인 전투는 언제 어느 곳이든 지속되며, 우리가 저 세상에 들어 갈 때 비로소 선악 간에 행한대로 심판을 받습니다. 사도 요한이 본 보좌와 나팔소리는 영적 전투와 그 결과로 오는 심판을 의미합니다.

나팔소리는 주님의 진리에서 오는 권능을 의미하고 보좌는 심판을 의미합니다. 보좌 위에 앉아 계신 분은 주님이시며 그분은 진리를 수단으로 심판을 집행하십니다. 제자들이 그 분 앞에 자기들의 겉옷을 벗어 던졌듯이 그분의 심판 앞에 우리의 모든 생각과 행동을 복종시켜야 합니다. 즉, 주님을 왕으로 환영해야 하는 것이 우리가 취해야할 제자의 자세입니다.

70

"숫자 70 은 무엇을 의미하나요?"

"70 은 7×10 으로 이루어져 있습니다. 칠십은 거룩한 상태입니다. 숫자 7은 시작부터 끝까지 전체 기간, 충만한 상태이고, 숫자 10은 신성입니다. 그러므로 70 은 신성한 상태를 의미합니다."

"주님께서 일흔 번씩 일곱 번 용서하라고 했는데 무슨 의미인가요?"

"베드로가 예수께 와서 '주님, 제 형제가 저에게 잘못을 저지르면 몇 번이나 용서해 주어야 합니까? 일곱 번이면 되겠습니까?' 하고 물었습니다. 그때 예수께서는 '일곱 번 뿐만 아니라 일곱 번씩 일흔 번이라도 용서하라'고 하셨습니다.

주님께서는 무한정의 용서를 가르치시고 계십니다. 우리가 주의할 것은 주님께서 죄 짓는 형제를 언제나 용서하라는 말은 아닙니다. 주님의 말씀은 용서하고자 하는 마음의 태도를 언제나 갖고 있으라는 의미입니다. 즉, 자비와 용서 자체가 되시는 그 분을 닮아 가라는 것을 가르쳐 주십니다. 일곱 번씩 일흔 번이라는 숫자는 용서의 범위와 불변성을 표현하고 있습니다. 다시 말해서 죄를 지은 만큼 용서하라는 의미인데 한마디로 용서는 끝이 없고 영원하다는 뜻입니다."

"아! 그렇군요. 또 다른 의미가 있나요?"

"베드로의 이름이 의미하는 믿음의 원리로부터 예수로 표현되는 사랑의 원리로 나아가야 함을 말합니다."

"만일 가인을 위해 일곱 배의 앙갚음이 있다면, 진실로 라멕을 위해서는 칠십 칠배의 앙갚음이 있을 것이라고 했습니다(창4:24). 무슨 뜻인가요?"

"가인의 경우, 일곱 배의 앙갚음은 잘못된 신앙으로 인해 신성이 더럽혀짐을 의미합니다. 다시 말해서 선행이 소멸되었음을 말합니다. 칠십 칠 배의 앙갚음은 큰 신성의 더럽힘입니다."

"숫자 일곱은?"

"숫자 일곱은 거룩과 신성을 의미합니다. 그리고 더 높은 신성을 표현할 때 칠십 칠 배로 말합니다. 주님께서 사람이 자기 형제를 일곱 번 까지만 용서하지 말고 일흔 번씩 일곱 번 용서하라고 말하신 경우가 이에 해당됩니다(마18:22). 죄 짓는 만큼 용서를 해야 할 것을 말씀하신 것입니다. 라멕은 칠십 칠 배로 앙갚음될 것은 최고의 신성을 위반했기 때문에 지옥에 떨어짐을 의미합니다."

☞ "유대인들이 바벨론에서 칠십 년을 포로가 된 것은?"

"숫자가 칠십이든 또는 칠 일, 칠 년은 비슷한 의미를 갖고 있습니다. 포로 생활 칠십 년은 부정적인 의미로 쓰여졌습니다. 즉, 황폐를 의미합니다. 야곱은 라헬을 위해 칠 년을 섬겼다고 했는데, 칠 년이 지난 후에 자유가 왔습니다."

☞ "칠십 종려나무(출15:27) 와 칠십 장로(출24:1)는?"

"칠십 종려 나무는 선에서 주어진 진리를 의미하고 칠십 장로는 선에 일치하는 진리를 말합니다. 칠십은 진리와 선의 모든 것 혹은 충분을 말합니다."

서로 나누기

☞ 배운 것을 삶에 적용할 수 있도록 서로 나눠봅시다.

● 숫자 70 은 무엇을 의미하는가?

● 일흔 번 씩 일곱 번의 의미는?

● 칠십 배의 앙갚음은?

●생각해 보기●

본래 히브리인은 이방인들에게 말씀을 가르치도록 명령되었습니다(시 96:3) 그러나 그들은 요나를 통해 알 수 있듯이 이방인을 경멸했고, 자신들만 성경을 간직하고자 했습니다. 그들의 거만함은 포로가 된 유다 백성이 귀환한 후 수 백 년 동안 부풀어 올랐습니다.

바리새인이나 서기관들은 성경에다 자신들의 이익을 위한 법을 추가하여 말씀을 덧붙였습니다.

이에 대해 주님은 '너희는 너희의 전통을 핑계 삼아 하나님의 말씀을 무시하고 있다. 이 위선자들아'(마15:6).' 라고 말씀하셨습니다. 그리하여 주님은 인간의 언어로 쓰여진 말씀을 통해서는 더 이상 인간에게 도달하실 수 없으셨습니다.

따라서 그분은 친히 인간의 육신을 입으셔서 인간들 사이에서 살면서 그들에게 진정한 삶의 길을 보여주셨습니다.

75

“숫자 75 는 무엇을 의미하나요?”

“숫자 75는 70 + 5 로 이루어져 있습니다. 70 은 거룩을 의미하고 5 는 적음을 의미합니다. 이는 신성이 그다지 많지 않음을 의미합니다.”

“아브람은 여호와께서 자기에게 지시했던 그대로 갔다. 그리고 롯도 그와 함께 갔다. 그리고 아브람은 그가 하란에서 떠났을 때 그는 칠십 오세였다고 했습니다(창12:4).”

“본질적 측면에서 아브람은 그리스도의 인성을 예표 합니다. 아브람이 여호와께서 자기에게 지시해준 그대로 갔다는 말은 그분께서 신성이 진보하심을 의미합니다. 아브람이 칠십 오세라는 말은 아직 신성이 많지 않음을 의미합니다.”

“아브람이 주님께 순종함으로 영적 진보를 이루었군요.”

“아브람은 매사에 순종했습니다. 주님께서 아브람에게 요구하신 사항은 문자 그대로 순종이었습니다.”

“우리들도 아브람처럼 순종의 삶을 살아야 하지요?”

“네, 우리는 어린 시절을 거칩니다. 아브람은 우리 인생 중에서 어린 시절을 그려 줍니다. 순종은 천국을 향한 인격 발달 과정에서 시작에 해당됩니다. 따라서 우리가 순종을 먼저 배우지 않으면 천국의 사람이 될 수 없습니다. 그렇다고 순종으로만 끝나는 것이 아니라 순종으로 시작해서 계속적인 진보가 있어야만 합니다. 이것이 아브람이 그의 고향 갈대아 우르를 떠나 거룩한 땅이라고 부르는 가나안에 가도록 부름 받는 내용입니다. 거룩한 땅은 천국 또는 천국 인격을 의미합니다. 다시 말해서, 이기적 경향성을 떠나서 천국의 상태에 알맞게 자신을 고쳐 가도록 주님께 부름 받은 것입니다.”

“아브람은 여행 중에 하란에 머물렀다가 가나안에 진입했고 처음에 세겜, 후에는 베델에서도 멈췄습니다. 그는 기근으로 인해 이집트로 갔는데 그곳에서 부자가 되었습니다. 무슨 의미인가요?"

"영적인 의미에서 이집트는 기억속에 있는 지식을 의미합니다. 우리가 성장해 가려면 많은 지식이 필요합니다. 이집트로 내려가는 것은 지식 획득으로 묘사됩니다. 성경의 인물을 보면 삶의 어떤 단계에서 이집트에 갔다 오는 것을 발견합니다. 이집트에서 가나안으로 되돌아옴은 획득한 지식을 사용하려는 노력을 의미합니다."

☞ "아! 그렇군요. 아브람의 조카 롯도 아브람과 함께 가나안 땅을 여행했지요? 롯도 아브람과 함께 이집트로 내려가서 부자가 되었고요. 그런데 롯의 후손 모압과 아몬족은 아브람의 후손 이스라엘과는 원수지간이 되었습니다."

"마음에는 아브람과 롯의 상태가 있습니다. 아브람은 주님이 주시는 것은 무엇이든지 생명으로 받을 준비가 되어 있으며 또 얻은 지식을 주님을 섬기는데 선용합니다. 성경에는 아브람은 가축뿐만 아니라 은과 금을 많이 가진 부자가 되었다고 했습니다(창13장). 아브람에게 있는 가축은 선한 일에 마음이 끌리는 애착이고, 은과 금은 진리와 선을 의미합니다."

"그러면 롯은 어떤 마음을 의미하나요?"

"롯의 상태는 삶을 보다 쉽게 그리고 기분 내키는 대로 살고 싶어하는 마음입니다. 롯에게는 많은 가축 떼가 있었지만 은과 금을 가진 부자라고 말하지 않는 것은 그런 이유에서 입니다. 롯도 처음에는 그리 나쁜 상태가 아니었습니다. 롯이 아브람의 울타리 안에 있을 때는 선하고 안전했습니다. 그러나 두 사람의 목자들이 다투기 시작하는 모습은 마음속에서 롯이라는 자연적이고 세상적인 성품이 아브람이라는 영적인 성품과 다투는 광경입니다. 다툼이 있게 되면 분리는 필수적입니다. 그리고 롯이 살기 위해 선택한 지역은 요단 분지였습니다. 그곳은 아주 기름져서 만족스러운 것처럼 보였습니다. 평야, 계곡 또는 분지는 지면이 낮은 상태인데, 이런 지형은 우리 삶의 낮은 평면을 의미합니다. 낮은 평면은 감각적인 쾌락의 수준을 의미합니다. 계곡 그 자체는 나쁜 것이 아니고 감각적인 쾌락 그 자체가 악한 것은 아닙니다. 하지만 시험이나 유혹이 거기에 잠복되어 있습니다. 롯이 선택하듯이 우리도 이런 낮은 평면에서 인생을 살기로 선택할 때 사악한 소돔과 고모라로 그려지는 갖가지 종류의 악의 영향에 우리 자신을 노출시키게 됩니다."

"그렇군요. 롯이 그런 마음을 좇아가다가 소돔과 고모라에 들어가게 되었군요."

"소돔과 고모라는 이기심과 더불어 진행되는 악과 거짓을 의미합니다. 이기심과 세상적인 욕심은 언제나 시기심과 불화를 가져옵니다. 그리고 이것들은 순수함을 오염시켜 버립니다. 이러한 이유 때문에 부모는 자녀에게 나쁜 친구를 사귀지 말라 혹은 나쁜 장소는 가지 말라하고 당부합니다. 한 마디로 악에 물들기 때문입니다. 롯은 소돔 근처에서 살고자 선택했기 때문에 곧바로 위기에 처합니다."

"아! 무섭습니다. 혹시라도 길을 잘못 들어 소돔 땅에서 살게 된다면 어떻게 해야 되나요?"

"롯은 소돔 성문 근처에서 살았습니다(창19장). 그래도 그는 선하게 되기를 원했습니다. 주님은 소돔과 고모라 성이 그들의 악으로 인해 파괴되기 전에 두 천사를 보내어 롯에게 경고해 주셨습니다. 롯은 다행히 이 경고를 기쁘게 받아들였기 때문에 그들은 때맞추어 소돔을 빠져 나올 수 있었습니다. 천사는 전달자 라는 뜻입니다. 우리에게 위험을 경고해 주고, 소돔과 고모라 땅에서 구출해 주는 모든 이들은 주님의 천사들입니다. 주님은 우리가 시험받을 때 우리의 배우자, 선생, 친구 혹은 마음속의 양심까지 동원하여 경고하십니다. 우리가 그들의 충고를 기쁘게 받으면 시험에서 건짐 받게 됩니다. 그러나 롯의 처는 그렇지 못했습니다."

"롯의 처?"

"롯의 아내에 관한 이야기를 알고 있습니까? 그녀가 소돔을 빠져 나올 때 뒤를 돌아보아서 소금 기둥이 되었다는 이야기는 기억하시지요?"

"알고 있습니다. 뒤를 돌아보아서 소금 기둥이 되었다는 말이 무슨 의미인가요?"

"그 의미에 대해 생각해 봅시다. 우리는 어떤 일을 하는 도중 지금까지 해 왔던 것이 잘못이라는 것을 뒤늦게 깨닫고 그것을 그만두기로 결심하고 멈추게 됩니다. 그러나 과거의 그것이 달콤하고 좋았다고 생각하기도 합니다. 이렇게 되면 우리는 기껏 깨달아 얻은 좋은 의지를 상실해 버리는 순간을 맞게 됩니다. 이 순간이 바로 롯의 아내가 뒤를 돌아보는 때에 해당됩니다."

"소금 기둥은 무엇을 의미하나요?"

"소금은 좋은 측면에서는 배운 진리의 가르침대로 살아보고자 하는 마음입니다. 반면, 소금의 나쁜 측면은 진리에 따라 살아보고자 하는 마음 없이 진리를 받는 상태입니다. 소금 기둥이 된 롯의 아내는 진리를 나쁜 면에서 수용하는 자들에게 경고하기 위해 기록된 것입니다. 그러므로 우리는 올바르게 가고자 작정하였다면 옆과 뒤를 돌아보지 말고 전진해야 합니다. 주님은 있는 힘을 내어 산으로 도피해야 한다고 말씀하셨습니다(창19:18)."

☞ "왜 산으로 도피해야 하나요?"

"산은 평야보다 높은 장소입니다. 산은 주님을 향해 얼굴을 드는 마음 또는 주님께 더 가까이 가고자 하는 마음을 의미합니다. 주님은 우리에게 '롯의 처를 기억하라'고 당부하셨습니다(눅9:62, 17:28-32)."

"아! 선택이 그렇게 중요하군요. 돌이켜 보면 나도 역시 선택에서 많은 부분 실패하였습니다. 내 마음속의 롯의 일면으로 선택했던 일로 수많은 난관과 어려움을 겪었습니다. 그러나 그것은 돌이킬 수 없는 결과였습니다."

나는 그의 롯의 교훈을 들으면서 크게 얻은 깨달음을 가지고 다음과 같이 시로 읊었다.

"영혼은 이미 황폐한 사막이 되고 말았습니다. 어느새 흙비와 모래 바람이 불어와 뿌옇게 덮어버린 미세한 먼지 투성이 속에서 영혼은 가느다란 눈을 뜬 채 하루하루 신음하고 있습니다. 일생동안 가슴 조이며 고심했던 공로없이 마침내 소돔을 찾던 롯의 결말을 봅니다. 그의 영혼은 상처투성이 일그러진 형상이 되어 버리고 말았습니다. 이미 누군가는 어리석은 영혼을 물고기 몰듯이 더러운 채에 담아 쓸어버리고자 노려봅니다. 그들은 행복이라는 이름으로 유혹하는 영혼의 사냥꾼으로 쾌락의 마약로 전신을 마비시켜 지옥으로 끌고 들어갑니다. 오래 전 이집트에서 거둬들인 가축과 은과 금은 거친 풀과 소금 구덩이에서 뒹굴게 된 지 오래입니다. 악령은 다가와 비웃으며 소금 구덩이 교리, 거친 풀에 어울리는 썩은 교리를 들고서 영원한 삶을 위해 제시합니다. 하늘에서 내려온 만나는 이미 뜨거운 태양에 녹아버려 메마른 사막에 먹혀 버린 지 오래입니다. 아! 롯의 처 같이 되지 말라고 당부하신 주님의 말씀이 가슴 절이며 크게 느껴집니다.

무의미하게 서있는 저 소금 기둥을 보노라면 희망으로 부풀었던 영광스러운 지난 일은 기억에 머물러 빛이 바랬습니다. 돈 맛을 본 썩은 자들과 정욕에 절어 더러운 멋을 내는 자들과 탐욕과 변명에 몹쓰게 된 어리석은 자와 이미 뻔뻔해져 버린 자들 그리고 이리에게 갈기갈기 살점이 뜯겨진 어리석고 미련한 양... 모두 황폐한 사막 한가운데 떨어져 버린 거친 풀들이고 소금구덩이입니다. 하늘의 소식을 전달하기 위해 찾아왔던 천사의 경고를 왜 무시했을까요? 가슴에 불을 밝히며 외치던 양심의 소리를 왜 잠재웠을까요? 아! 이제 무슨 희망의 열쇠를 가져야 하나요. 나를 살려주시는 분은 어디에 있나요. 나는, 태양이 떠오른 신선한 아침 일찍 깨어나서 저 밑 불타오르는 소돔과 고모라를 무한정 바라봅니다. 그리고 이제 눈을 돌려 나의 도피성을 바라봅니다. 이제 나는 양심의 성을 향해 빠르게 달려가야만 합니다. 내가 머물러야할 도피성으로 달려가야 합니다. 뒤돌아보지 말고..."

나는 시를 읊고는 스스로 답답한 마음이 들었다. 강한 몽둥이로 얻어 맞았다가 간신히 살아난듯이 그에게 질문을 하였다.

"탐욕스런 롯에게 선택은 마치 백화점에 진열된 수많은 상품 중에 하나를 선택하는 것과 같습니다."

"선택은 반복됩니다. 우리 앞에는 양쪽 길이 있습니다. 한쪽 길은 만족을 위한 쾌락이 놓여있고, 다른 한쪽은 고난을 위한 보물이 놓여 있습니다. 어느 것을 선택하시렵니까? 아브람은 헤브론에 정착해서 마지막 제단을 쌓았습니다. 아브람처럼 주님께 기꺼이 순종하려는 의지만이 천국으로 인도받을 수 있습니다. 주님께서 이런 말씀을 하셨습니다. 나는 오늘 생명과 죽음, 행복과 불행을 너희 앞에 내놓는다. 너희 하나님 여호와의 명령을 순종하며 너희 하나님 여호와를 사랑하고 그가 지시하신 길을 걸으며 그의 계명과 규정과 법령을 지키면 너희는 복되게 살며 번성할 것이다... 그러나 너희 마음이 변하여 순종하지 아니하면...반드시 망하리라... 나는 오늘 하늘과 땅을 증인으로 세우고 너희 앞에 생명과 죽음, 축복과 저주를 내놓는다. 너희나 너희 후손이 잘 살려거든 생명을 택하여라. 그것은 너희 하나님 여호와를 사랑하는 것이다."

서로 나누기

☞ 배운 것을 삶에 적용할 수 있도록 서로 나눠봅시다.

● 숫자 75 는 무엇을 의미하는가?

● 아브람이 75세에 어떤 일이 있었습니까?

● 소금 기둥은 어떤 과정으로 만들어졌나요?

●생각해 보기●

탐욕과 거짓은 인간으로부터 선과 진리에 대한 사모하는 마음을 강탈해 갑니다. 결국 인간은 황폐하게 되는데, 이를 두고 '소금 불모지' 라고 합니다. 예레미야서에서 "육을 그의 팔로(권력으로) 만든 이들은 사막에 있는 벌거벗겨진 관목 같을 것이다, 그리고 좋은 것이 올 때 보지 못할 것이다, 그리고 광야의 바싹 마른 장소에, 소금 땅에, 아무도 살지 않는 곳에 거주할 것이다(렘17:5, 6)."
에스겔서에서는 "거기로부터 습지와 늪지는 치료되지 않을 것이다. 그것들은 소금 땅이 될 것이다(겔47:11)."
다윗서에서는 "여호와께서는 강들을 광야로 바꾸신다. 그리고 원천을 마른 샘으로 바꾸신다, 열매 풍성한 토지를 소금 불모지의 하나로 바꾸신다, 그 이유는 그 안에 거주하는 자들의 사악함 때문이다 (시107:33, 34)."
스바냐서에서는 "모압이 소돔같이, 암몬의 아들들이 고모라 같이, 쐐기풀이 자라는 곳, 소금 구렁, 영원히 황무한 장소 같이 있을 것이다(습2:9)."

99

"숫자 99 는 무엇을 의미하나요?"

"숫자 90은 9×10 + 9 로 이루어져 있습니다. 9 는 결합을 의미하고, 10 은 그루터기를 의미합니다. 99 는 100 앞에 있습니다. 100 은 10 과 같습니다. 고로 100 은 신성한 그루터기가 충만함을 의미합니다. 아브람이 구십 구세라는 의미는 이삭이 출생 전의 상태입니다. 이삭은 아브라함 100세에 출생했습니다. 그러므로 구십 구세는 충분히 신성과 결합하여 합리적 성품이 이루어지기 전의 상태입니다."

"숫자속에 있는 의미는 수량과는 큰 차이가 있군요."

"말씀의 의미를 알려면 숫자나 이름을 주목해보아야 합니다. 숫자속에는 이름과 마찬가지로 깊은 의미가 들어 있기 때문입니다. 신성을 함유하지 않은 말씀이나 내적 의미를 함유되지 않은 말씀은 없습니다. 그리고 단순한 문자의 의미와 그 속에 함유된 내적 의미 사이에는 큰 차이가 있습니다. 하늘나라는 문자나 숫자 자체보다 의미가 중요합니다."

"하늘나라는 의미의 나라이군요."

"예컨대, 숫자 7 은 수량을 말하는 것이 아니라 거룩을 의미합니다. 일곱째 날이나 안식일은 주님의 쉼을 의미합니다. 12 같은 숫자는 신앙에 관한 모든 실제를 의미합니다. 숫자 12 는 열두 제자나 열두 지파를 말할 때 쓰여 집니다. 숫자 99 도 같은 맥락입니다. 이 숫자는 내적 마음이 합리적 성품과 결합되기 전의 상태를 의미합니다."

"숫자는 정말로 신비롭군요."

"숫자 99 는 숫자 100 앞에 있기 때문에, 신성이 합리적 성품과 충분히 결합되기 전의 상태를 의미합니다. 아브람은 그의 아내 사래로부터 아들을 얻지 못한 채 가나안 땅에 오래 살았습니다. 계산해보면 24년, 즉 가나안 땅에 들어와 거주한지 10 년 후에 이스마엘이 태어나고, 이스마엘 태어난 뒤 13년 후에 이삭이 출생합니다. 이렇게 오랜 기간에는 어떤 주님의 신비가 담겨 있을 것이라고 많은 이들이 추측합니다. 그 신비함은 이렇습니다. 즉, 신성이 인간 본질과 하나되기 위한 섭리입니다. 아브라함은 그리스도의 예표입니다. 그러므로 사실상 100세에 이삭이 출생함은 주님이 그분의 합리적 성품과 하나되는 것을 표현한 것입니다. 이런 내용을 우리 마음에 적용한다면, 아브라함은 순종하는 삶을 의미하는 어린 시절과 같은 상태입니다. 또한 이삭은 유아기를 지나 마음이 성장해서 스스로 생각하고 독립적으로 행동하는 시기를 묘사합니다. 이삭의 단계에서는 삶의 방향이 발달합니다. 이를 두고 합리성이라고 말합니다. 이 시기는 유아기의 특징인 무조건적 신뢰는 더 이상 중요하지 않습니다. 다시 말해서 덮어놓고 아멘하는 신앙이 아닙니다. 보다 높은 것을 추론하는 합리적 능력을 갖습니다. 이 단계에서는 왜? 라는 단어가 존재합니다."

"아! 무조건적 신앙에서 합리적 성품으로 발전해야 하는군요. 요한 웨슬레가 말한 합리적 인간이군요."

서로 나누기

☞ 배운 것을 삶에 적용할 수 있도록 서로 나눠봅시다.

● 숫자 99 는 무엇을 의미하는가?

● 요한 웨슬레의 신생의 경험을 아는대로 말해보세요.

●생각해 보기●

개인의 발달로 볼 때 아브라함의 이야기는 어려서 부모를 의지하면서 자란 어린아이와 같습니다. 부모에 불순종하면 잘못된 길로 들어서며 순종하면 복이 되는 어린 시절을 그리고 있습니다. 이제 아브라함은 이스마엘과 이삭과 더불어 삶의 새로운 전기를 맞이하게 됩니다. 새로운 삶은 사람이 스스로 생각하며 옳고 그름에 대해 스스로 판단하는 때입니다. 눈에 보이는 대로 판단하는 것을 '현상' 이라고 하는데, 한참 후에 또 하나의 판단이 뒤따르게 됩니다. 그것은 진리에 기초를 두는 판단으로 수준이 높습니다.

그래서 첫번째 판단을 초기 합리성이라고 하고 두번째 판단을 후기 합리성이라고 부릅니다. 이스마엘은 초기 합리성을 상징하고 이삭은 후기 합리성을 상징합니다. 그러나 이스마엘은 이삭을 조롱하여 광야로 쫓겨나게 되었습니다. 반면, 이삭은 거룩한 땅을 상속받습니다. 따라서 우리는 우리 속의 이스마엘이 제 분수를 지키도록 간직해야 하며, 우리 속의 이삭을 통해 선한 삶이 발달되어야 합니다.

100

"숫자 100 은 무엇을 의미하나요?"

"숫자 100은 10×10 으로 이루어져 있습니다. 100 은 선이 충만한 상태를 의미합니다. 100 은 10 이 한바퀴 돈 숫자로 선의 충만, 영적 진보가 있는 상태를 의미합니다. 숫자 100 은 수를 세거나 무게를 달 때 또는 표준으로 비교할 때 사용됩니다. 예컨대, '누구도 100퍼센트 유감없이 행동할 수 있는 사람은 없다! 확률이 100퍼센트야! 하면서 기준을 제시할 때 사용합니다."

" 일백 마리 양도 그런 의미인가요?"

" 양 일백 마리는 거듭나는 마음의 애정, 선한 성품을 말하기도 합니다. 예수께서 비유로 말씀하셨습니다. '너희 가운데서 어떤 사람이 양 백 마리를 가지고 있는데, 그 가운데서 한 마리를 잃으면 아흔아홉 마리를 광야에 두고, 잃은 양을 찾을 때까지 찾아 다니지 않겠느냐? 내가 너희에게 말한다. 이와 같이 하늘에서는 회개할 필요가 없는 의인 아흔아홉보다 회개하는 죄인 한 사람을 더 기뻐할 것이다(눅15:3-7)."

☞ "한 마리 양을 잃었다는 의미는 무엇인가요?"

"백마리 양 중에서 한 마리를 잃는다는 것은 선한 성품 중에서 한 가지를 잃는 것을 말합니다. 양은 선을 의미하므로 선을 잃는 경우를 말합니다. 다시 말해서 인격에서 선한 성품을 잃는 것입니다. 선한 성품에 반대되는 악의 구렁텅이에 빠지면 선을 잃어 버립니다."

"양 일백 마리를 가진 어떤 사람은 무엇을 의미하나요?"

"일백 마리의 양을 가진 사람은 주님을 의미합니다. 구약성서에서는 '여호와는 나의 목자이시니 내게 부족함이 없으리라.' 라고 불렀습니다. 신약 성서에서는 그분 스스로 목자라고 하셨습니다. '나는 선한 목자라... 나와 아버지는 하나이다.' 그리고 인간은 주님의 양이라고 부릅니다. '그분은 우리 하나님이시오, 우리는 그분의 풀밭에 있는 백성, 그분의 수중에 있는 양떼들이다.' 또한 '내 양들은 내 목소리를 알아 듣는다. 나는 내 양들을 알고 그들은 나를 따라 온다. 나는 그들에게 영원한 생명을 준다.' 양은 이웃 사랑을 표현합니다. 넓은 의미에서 양은 선한 원리를 의미합니다."

"그러면 잃어버린 양은 구체적으로 무엇을 의미하나요?"

"잃어버린 양 한 마리는 순수한 원리입니다. 순수는 그저 착하기만 한 것이 아니라 지혜로운 작업입니다. 순수의 정의는 자신에게는 선과 진리가 없음을 100% 인정하고 오직 주님의 진리만이 선하심을 인정하는 것을 말합니다. 그러므로 순수는 선의 원리를 삶에 적용하려는 의도속에 존재합니다. 순수는 모든 선한 성품의 중심 원리입니다."

"왜 잃어버린 양이라고 부릅니까?"

"인간이 타락하게 되면 순수를 잃어버리게 됩니다. 타락은 더 낮은 곳으로 퇴보한 것입니다. 타락은 주님의 인도를 바라기보다는 자기 스스로 독립하겠다는 고집입니다. 인간이 타락하게 되면 주님은 잃어버린 순수를 찾도록 도와주십니다. 주님은 인간이 어린아이 같은 심정으로 회복되기를 원하십니다. 즉, 주님을 바라보고 의지하는 마음이 회복되기를 원하십니다. 그렇게 되기를 노력해야 하겠지요."

"어쩌다가 인간이 순수를 잃어버리게 되었을까요?"

"만일 어떤 사람이 선한 성품을 자기 것이라고 하여 주님과의 연결을 끊는다면, 그는 천국의 선한 성품을 잃게 됩니다. 그 이유는 선한 성품은 주님으로부터 오기 때문입니다. 선한 성품이 자기 것이 아니고 주님의 선물로 인정할 때만이 주님으로부터 생명이 흘러들어 옵니다."

"아흔 아홉 마리 양을 광야에 남겨둔다는 말은?"

"광야는 생명이 없는 땅입니다. 순수를 잃어버리면 생명이 없는 환경에 놓이게 됩니다. 즉, 선한 성품이 주님의 것임을 인정하지 않으면 다른 미덕들은 영적 광야에 처하고야 맙니다. 그러면 많은 위험에 노출됩니다. 순수가 사라지면 자아 공적이라는 욕망에 오염됩니다."

"아! 그렇군요. 죄에 빠진 사람들을 보면 가장 먼저 순수가 파괴되는 모습을 봅니다. 겉으로 보면 믿음이 좋은 척 하지만 위선과 포장하는 믿음뿐이었습니다. 이런 자들을 가만히 살펴보면 이전부터 이미 죄악의 습관이 깊이 젖어 있었으나 사회적인 체면과 남에게 잘 보이고자 하는 욕망 때문에 쾌락의 욕망을 숨기고 있었을 뿐입니다. 이런 자의 얼굴을 보면 이미 정욕으로 일그러져 있습니다. 한 눈에 보아도 확연하게 정욕에 찌든 형상입니다. 이들은 끊임없이 자신의 행위를 포장하였습니다. 악랄한 분노를 토해냄으로 간담을 서늘하게 하여 세상을 시끄럽게 만들거나 또는 처절하고 비참한 모습을 보임으로 세상에서 가장 불쌍한 인간으로 행세합니다. 이런 식으로 자신을 포장하다니..참으로 불쌍한 인간입니다. 포장된 모습으로는 주님앞에 설 수 없습니다."

"맞습니다. 순수를 잃어버린 영혼은 정처없이 배회하는 생각과 느낌, 방황하는 정신 상태에 함몰됩니다. 순수라는 원리가 없으면 주님의 좋은 은사와 선물은 메마른 광야에 남겨져서 그의 생각과 애정은 정처없이 헤매이게 됩니다. 그러므로 주님을 바라보지 않고서는 본래의 상태로 복귀시킬 수 없습니다. 회개로 삶을 수정하는 길만이 우리 마음을 본래 위치로 되돌아가게 해줍니다. 주님은 양떼를 언제나 지켜보십니다. 주님은 거룩한 말씀을 보내거나 천사들을 시켜서 잃은 양을 찾아 구하도록 하십니다. 목자로서 주님은 우리가 주님을 찾는 습관, 주님을 사랑하려고 애쓰는 마음을 잃은 것을 보시고 잃은 양을 구하러 우리 마음에 출두하십니다. 주님은 우리가 그 분의 도움 없이는 아무 것도 할 수 없다는 사실을 아시기 때문입니다."

"아! 그렇군요. 주님께서 오시지 않으면 완악한 우리는 절대로 일어설 수 없군요. 이미 썩을 대로 썩어 버렸고 굳을 대로 굳어서 본래 순수했던 옛 모습은 하나도 없고 악한 영에 일그러진 흉악한 모습만 남았습니다. 모든 것을 되돌리고 싶으나 인간 스스로의 힘으로는 절대로 불가능하다는 것을 절실하게 깨달았습니다."

"네, 주님은 여러 방법을 동원하셔서 비탈지고 험난한 곳까지 모두 뒤져서 그분의 잃은 양을 찾기 위해 애쓰십니다. 우리가 기꺼이 주님께 순종한다면, 그분은 우리 속의 영적인 양, 순수의 마음을 회복시켜 주실 수 있습니다. 사실 주님은 우리 전 생애를 총망라해서 우리가 잃어버린 양을 구해 주시려 강구하십니다. 잃은 것을 찾을 때까지 그 노력을 결코 중단하지 않으십니다. 우리가 기꺼이 그분의 노력에 부응하고 있다면 말입니다. 우리 모두는 이러한 하나님의 섭리가 필요합니다. 그 이유가 우리는 양과 같아서 쉽게 악에 물들고 자기 나름대로 놀아나기 때문입니다."

"잃은 양을 찾으면 매우 기쁘겠군요."

"그렇습니다. 잃었던 때의 슬픔만큼 찾은 기쁨은 배가됩니다. 만일 우리가 순수를 회복하여 삶을 발전시켜 나간다면 주님과 하나 되는 자신의 모습을 보면서 더욱 기뻐하게 됩니다. 천국을 향한 애정과 행함으로 과거의 죄악된 삶을 버리고 영적 생명의 높은 성품으로 나아갑니다."

"메마른 광야에서 변화가 없다면 어떻게 되나요?."

"만일 변화가 없다면 자아에 붙은 세상 욕심의 홍수에 영혼이 익사합니다. 그러므로 시인은 이렇게 외칩니다. '오 하나님, 깨끗한 심정으로 나를 창조하여 주소서, 온전한 영이 내 안에 있어 새롭게 만들어 주소서... 당신의 구원으로 얻는 기쁨 속에 저를 회복시켜 주소서, 당신의 자유로운 영으로 위를 쳐다보게 해 주소서."

"순수를 찾게 되면 천국을 향해 마음이 열리게 되나요?"

" 네, 순수를 회복하면 하늘과 교통하게 되고 하늘의 기쁨을 만끽하게 됩니다. 천국의 질서에 되돌아오면 천국으로부터 흘러드는 사랑을 느낍니다. 영적 삶이 회복되므로 기뻐할 수 밖에 없습니다. 시인은 이렇게 기도합니다. '오 주여! 당신의 심판으로 나를 도우소서. 저는 잃은 양같이 배반했었나이다. 당신의 종을 찾아 주소서. 저는 당신의 계명을 잊지 않겠습니다.' 이런 기도에 주님은 이렇게 말씀하십니다. '내가 너에게 말한 이 모든 것은 내 기쁨이 너희 안에 머물러 너희의 기쁨이 충만하도록 해주려는데 있다."

☞ "아브라함이 100세에 이삭을 낳은 의미는?(창21:5)."

"아브라함이 100 세가 되고 사라가 90 세가 되었을 때 주님은 사라에게 아브라함의 아들을 낳도록 하셨습니다. 이 아들이 이삭입니다. 이삭이란 이름은 웃음을 뜻합니다. 아들은 진리를 의미합니다. 이삭과 이스마엘은 영적인 의미로 이해해야 합니다. 우리 마음속에 있는 이스마엘은 자기 이익을 행동의 기준으로 삼지만, 이삭은 이웃에게 도움이 되는 기준으로 살아갑니다. 이스마엘은 돈 많이 버는 것이 성공이라고 여기지만 이삭은 선한 인간이 됨을 성공으로 여깁니다. 이스마엘은 거듭나지 않은 자연성에 기초를 두지만 이삭은 영성의 기준으로 판단합니다."

서로 나누기

☞ 배운 것을 삶에 적용할 수 있도록 서로 나눠봅시다.

● 숫자 100 은 무엇을 의미하는가?

● 양 일백 마리는 무엇을 의미하나요?

●생각해 보기●

우리의 죄는 장사꾼의 장부처럼 천국에 쌓여 있는 게 아닙니다. 죄는 아팠다가 건강해지는 것과 비슷합니다. 따라서 우리는 죄에서 빠져 나오는 노력을 해야만 합니다. 과거의 죄에서 스스로 헤어 나와 자신의 악을 지긋지긋하게 여기고, 악의 영향권에 휘둘리지 않을 때 주님은 그를 인도해 주십니다.

"아훼는 나의 목자, 아쉬울 것 없어라. 푸른 풀밭에 누워 놀게 하시고 물가로 이끌어 쉬게 하시니 지쳤던 이 몸에 생기가 넘친다. 그 이름 목자이시니 인도하시는 길, 언제나 곧은 길이요, 나 비록 음산한 죽음의 골짜기를 지날지라도 내 곁에 주님 계시오니 무서울 것 없어라. 막대기와 지팡이로 인도하시니 걱정할 것 없어라. 원수들 보라는 듯 상을 차려 주시고, 기름부어 내 머리에 발라 주시니 내 잔이 넘치옵니다. 한 평생 은총과 복에 겨워 사는 이 몸, 영원히 주님 집에 거하리이다" (시편 23편).

120

"숫자 120 은 무엇을 의미합니까?"

"숫자 120은 숫자 10×12 로 이루어졌습니다. 숫자 10 은 신성한 그루터기를 의미합니다. 그루터기는 주님으로부터 주어진 것이기 때문에 주님에 의해 보존됩니다. 숫자 12 는 믿음에 관계되는 모든 것을 의미합니다. 두 숫자가 합쳐서 신앙의 그루터기를 의미합니다."

"여호와께서 나의 영은 사람을 영원히 타이르지 않으리라. 그 이유는 그들은 육체이기 때문이다. 그리고 그의 날들은 일백 이십 년이 되리라'고 말씀했습니다(창6:3)."

"나의 영이 사람을 영원히 타이르지 않으리라고 여호와께서 말씀하심은 사람을 더 이상 전과 같은 방법으로 인도하시지 않음을 의미합니다. 그가 육체(flesh)이기 때문이라고 하는 말씀은 물질적 인간이 되었기 때문임을 의미합니다. 그의 날들은 일백 이십 년 이라는 말은 신앙으로 그루터기를 가져야만 할 것을 의미합니다."

"아! 그런 의미가 있었군요. 타이르지 않는다는 말을 자세하게 설명해 주시기를 부탁합니다."

"주님께서 내 영은 인간을 영원히 타이르지 않을 것이라고 하셨는데, 인간을 과거와 같은 방법으로 인도하시지 않으실 것을 의미합니다."

"과거와 같은 방법이요?"

"과거와 같은 방법을 알려면 홍수 이전의 태고 시대 사람들의 모습을 알아야 합니다. 그들은 주님께 불순종하여 아름다운 에덴동산을 잃게 되는 운명에 처했습니다. 그들은 금지된 열매를 먹은 후 선 대신 악을 선택하여 자기를 욕심대로 살아 갑니다. 그들은 주님으로부터 멀어졌습니다. 그리고 그들은 극도로 악해져 악이 마치 큰 홍수와 같았습니다. 그리하여 영적 생명, 선한 애착, 진실된 믿음이 사라지고 마침내 그들은 영적 죽음에 이르게 됩니다. 그럼에도 그 중에 노아와 그의 가족은 구원 받을만한 충분한 선이 남아 있었습니다. 홍수를 이겨낸 방주는 주님께 순종함으로써 형성된 인격을 상징합니다. 이 방주는 3층 구조로 지어졌는데, 마음의 3층 구조를 의미합니다. 방주 위에 창문이 있음은 마음이 주님으로부터 빛을 받기 위해 하늘의 향해 열려 있음을 의미합니다. 문은 주님의 계명에 순종하면서 들어오고 나가는 것에 대한 상징입니다. 과거의 사람들은 주님으로부터 온 진리가 그들의 의지 속에 직접 흘러 들어갔습니다. 다시 말해서 사람들의 의지와 행동이 하나로 움직였습니다. 그러나 그들이 타락한 이후로는 의지가 이기적으로 변화되어 진리를 의지가 직접 받을 수 없게 되었습니다. 이제 과거의 방법으로는 구원에 이를 수 없게 되었습니다. 노아 이후의 사람들은 먼저 진리를 이해력으로 받아들여서, 이해를 통해서 의지 부분에 들어가 행동으로 순종할 수 있게 되었습니다. 과거와 같이 타이르지 않겠다는 말은 이런 의미입니다."

☞ "사람이 육체가 되었다는 의미는 무엇인가요?"

"우리는 태어날 때 육체적 본성을 갖고 태어납니다. 이 본성은 흔히 말하는 몸 만을 말하는 것이 아닙니다. 그것은 우리가 삶에서 필요한 지식을 키워나갈 수 있는 마음을 뜻합니다. 이것이 우리 영혼의 땅입니다. 동물들도 본성을 갖고 있습니다. 그러나 사람은 동물이 가지지 않은 또 다른 본성을 가집니다. 그것은 하나님과 천국을 배울 수 있는 영적 본성으로 하늘(heaven)입니다. 하늘은 자연계의 창공(sky)이 아니라 영혼 속의 하늘임을 유념해야 합니다. 그러므로 육이 되었다는 의미는 인간이 하늘을 잃어버렸음을 의미합니다. 요엘서에 '나는 내 영을 모든 육체 위에 쏟을 것이라' 고 했습니다. 육체는 물질적 인간을 의미합니다."

"인간의 날들이 일백 이십 년이라는 의미는 무엇인가요?"

"날, 햇 수는 상태를 의미합니다. 고대인은 간단한 숫자들을 합성하여 만든 숫자로 상태와 변화를 인식했습니다. 그들이 수치로 상태를 인식했던 모습은 오늘날에는 완전히 없어졌습니다. 그런 면에서 120년도 의미를 가늠해 볼 수 있습니다. 본문을 문자대로 이해하면 사람의 목숨이 120년이라는 말이 되지만, 홍수 이후에도 더 오래 산 사람들이 수두룩하고, 노아도 홍수 이후 350년을 살았다고 했습니다(창9:28). 간단히 생각해 보아도 성경속의 숫자에는 깊은 의미가 내포

되어 있음을 짐작할 수 있습니다. 120년에 대해 다시 말씀 드리자면, 숫자 십이나 십분의 일은 신성한 그루터기를 의미합니다. 레위기서에는, 땅의 모든 십분의 일, 땅의 씨의 모든 십분의 일, 나무의 열매로부터의 모든 십분의 일, 그것들은 여호와의 것이고, 여호와께 거룩함이다. 목축의 모든 십분의 일, 양떼의 모든 십분의 일, 목자의 막대 아래를 지나가는 무엇이든 십분의 일은 여호와에게 거룩함이라고 했습니다(레27:30-31). 십계명은 여호와께서 돌판에 쓰셨습니다. 또한 숫자 12는 신앙의 복합을 의미합니다. 예컨대, 야곱의 열두 아들부터 이스라엘의 열두 지파, 주님의 열두 제자 등은 믿음의 복합을 의미합니다. 결론적으로 일백 이십 년을 말한다면, 인간은 신앙으로 신성한 그루터기를 가져야 한다는 뜻입니다. 홍수 이전 사람들의 그루터기는 거의 남지 않았습니다. 그러나 이제 노아 교회라고 부르는 새로운 신성한 그루터기가 주어진 것입니다. 그것이 120년입니다."

서로 나누기

☞ **배운 것을 삶에 적용할 수 있도록 서로 나눠봅시다.**

● 숫자 120 은 무엇을 의미하는가?

● 사람의 날이 일백 이십년이 된다는 의미는?

●생각해 보기●

에덴 동산의 사람들은 아주 큰 영적 지혜를 소유했습니다. 그러나 그들은 선악의 지식의 나무 열매를 먹음으로 죄가 시작되었습니다. 다시 말해 주님께서 알게 해주신 진리를 짐짓 자신이 잘나서 인줄 착각하여 진리가 제 것이라고 고집함으로서 타락이 시작되었습니다. 그리고 그들이 전적으로 파멸되었는데, 이것이 홍수라는 것으로 묘사됩니다.

그 후 유대 교회의 끝은 예루살렘 성전의 파괴와 유대인이 포로로 끌려가는 것과 그리스도의 오심으로 표현되고 있습니다.

그 후 기독 교회의 끝은 요한 계시록에서 특별히 취급하고 있습니다. 기독 교회의 끝에서 주님의 생명과 빛은 충만하게 흘러 나옵니다. 빛과 생명은 '성령께서 하시는 말씀을 들을 귀 있어 듣는 자' 에게 흘러 들어갑니다. 하지만 인간들은 이 기적인 삶의 터 위에 천국의 원리를 세우려고 합니다.

600

"숫자 600 은 무엇을 의미하나요?"

"숫자 600 은 숫자 10×10×6 으로 이루어졌습니다. 숫자 600 은 시험의 시작을 의미합니다. 10 과 100 은 동일한 의미를 지니며 100 은 10 이 강조된 것입니다. 숫자 10 은 선과 진리의 그루터기를 의미하고 6 은 노동과 전투를 의미합니다."

"한마디로 시험의 상태이군요."

"그렇습니다. 세상은 육일 간 창조되었고 일곱 째 날에는 쉼이 주어졌으며, 히브리 종은 육 년을 봉사하고 칠년 째에는 자유해 졌습니다(출21:2). 그들은 육년 동안 땅에 씨를 뿌리고 열매를 모아 들였습니다, 그러나 칠년 째에는 씨를 뿌리지 않았습니다(출23:10-12). 그리고 일곱 째 해는 '안식일의 안식일' 이었습니다(레25:3-4). 에스겔서에는 사람의 갈대로 이스라엘의 거룩한 성을 측량했더니, 6 규빗이었습니다. 그리고 땅 위에서 홍수가 난 것은 노아가 육백 살 되던 해 라고 했습니다(창7:6)."

"시험은 무엇입니까?"

"시험은 거짓에 관련됩니다. 거짓은 이해의 오류입니다. 이해력의 시험은 인간의 납득과 감각의 오류에 따라 옵니다. 단순하게 주님의 말씀이기 때문에 성경을 믿는다는 신앙을 가졌다면, 비록 오류가 있더라도 가르침을 받을 수 있습니다. 이해 수준이 낮기 때문에 유혹을 받게 되면 시험이 시작되기도 합니다. 이것이 시험의 시작입니다. 단순한 신앙을 가진 자는 쉽게 오류를 고칠 수 있습니다. 단순한 신앙은 당시에는 무지했기 때문입니다. 그러나 단순하지 않은 사람들이 있습니다. 이들의 믿음은 고집불통이어서 거짓을 확증합니다. 이들은 거짓을 진리라고 주장하고 추론을 진리로 굳게 만듭니다. 이들은 자신을 스스로 설득해 갑니다. 성경에는 이런 자를 두고 '네피림' 이라고 부릅니다."

☞ "네피림이요?"

"노아 홍수 이전의 사람들 중에 '네피림'이라고 불린 사람들이 있었습니다. 이들은 자신들의 교리를 가지고 진리로 탈바꿈시키고 자기 교리로 타인을 설득하기를 좋아했습니다. 사실 이들은 진리를 좋아하지 않습니다. 이들은 진리를 들어도 절대로 받아들이지 않습니다. 오늘날에도 이런 본성을 지닌 자들이 있습니다. 오늘날의 네피림 후손은 화려한 강단에 위엄있는 복장과 갈고 닦은 목소리에 자신감 넘치는 소리와 웅장하고도 아름다운 찬양대의 고운 소리와 종교적 분위기의 화려한 복장과 넥타이를 매고 중간중간 유머도 섞어가면서 아들, 딸 잘되라고 축복을 해주고 사업도 잘되라고 말해주고 건강하고 범사가 잘 될 거라고 예언도 해주며 자기가 빈 복으로 많은 사람이 축복받았다고 말해주면서 혹시 부족한 것 있다면 작정기도 하거나 금식하면 되고 떼를 쓰며 기도하거나 큰소리로 믿습니다고 외치면 결국에 사랑많으신 하나님은 다 주신다고 장담을 하는 자들입니다. 이런 자들은 주님의 뜻대로 행하는 자라야 천국에 이른다는 말씀을 비웃습니다."

서로 나누기

☞ **배운 것을 삶에 적용할 수 있도록 서로 나눠봅시다.**

- 숫자 600 은 무엇을 의미하는가?
- 오늘날 홍수에 쓸려간 자들과 네피림은 누구인가?

●생각해 보기●

오래동안 무거워진 비가 홍수를 야기하듯이 마음속에 거짓 암시 라는 비는 처음에는 조금씩 들어오지만 거짓을 축적해서 소나기를 만들고 넘실거리는 홍수로 돌진하여 그나마 남아 있던 믿음을 집어 삼키고야 맙니다.

비는 흔히 바람을 동반합니다. 비와 바람이 거세어지면 폭풍이 되는데, 비나 홍수보다 더 미묘하게 강타합니다. 바람은 처음에는 조용하게 오지만 맹렬한 돌풍을 일으켜 앞에 있는 모든 것을 거꾸러 뜨립니다.

거짓 믿음은 마음에 돌진하여 그 속에 잔류한 진리를 모두 때려 눕힙니다. 더우기 거짓은 거짓을 초대한 우리의 악한 성질을 광폭하게 끌고가 버립니다. 그러므로 선한 자는 시험의 폭풍이 끝나면 마음속에 있는 악한 기질이 그만큼 더 사라지게 되어 평화가 마음속을 점유하게 됩니다.

666

"숫자 666 은 무슨 의미인가요?"

"666 은 600+60+6 으로 이루어져 있습니다. 6 은 3×2 와 같습니다. 3 은 전체 진리를 말하고, 2 는 선과 진리의 결합을 의미합니다. 숫자 666 은 진리의 품질입니다."

"요한계시록에 낮은 사람이나 높은 사람이나 부자나 가난한 자나 자유인이나 종이나 할 것 없이 모든 사람에게 오른손이나 이마에 낙인을 받게 하였습니다…지혜가 여기 있으니 총명한 자는 그 짐승의 수를 세어 보라 그것은 사람의 수니 그의 수는 육백육십육이라고 했습니다."

"낮은 자, 높은 자는 총명이 덜하거나 더하거나 하는 차원이고, 부자나 가난한 자는 영적 지식이 많거나 적은 것이고,

자유인이나 종은 자신 스스로 생각하거나 타인으로부터 생각하느냐 하는 차원입니다. 모든 사람들은 오른손이나 이마에 짐승의 표를 받아야 한다고 했는데, 믿음에 일치해서 생각하고 행동한다는 의미입니다. 낙인찍힌 사람 외에는 물건을 팔거나 사도록 허용되지 않는다는 말은 믿음에 일치하지 않으면 배우거나 가르치지 못한다는 의미입니다."

"짐승의 표는?"

"짐승의 표는 믿음의 특성입니다. 짐승의 이름이 숫자로 의미되고 있습니다. 일종의 상형문자처럼 이름 속에 모든 것이 내포되어 있습니다. 그러므로 숫자는 완전한 표현입니다."

"666 은 사람의 숫자라고 했습니다."

"지혜로운 사람이 짐승의 숫자를 세어 보니 사람의 숫자이고 그 숫자는 육백 육십육이라고 말했습니다. 이 짐승의 숫자를 설명해보려는 많은 시도가 있었습니다. 짐승은 교리를 상징합니다. 짐승의 숫자는 교리의 특성을 표현합니다."

"누가 지혜로운 자인가요?"

"지혜로운 자는 상징적인 숫자의 의미를 이해하는 자입니다. 숫자는 양이나 부피가 아닌 품질을 뜻합니다. 수를 세는 것은 품질을 알아내는 것입니다."

"666 의 의미는 무엇인가요?"

"666 의 의미는 숫자 6 의 상징속에 들어 있습니다. 숫자 6 이 세 번 반복되어 표현되었습니다. 6 은 완성을 표현하는 숫자입니다. 하나님께서는 그분의 일을 엿새 동안에 완성하셨습니다. 엿새는 한 주간을 형성합니다. 또 엿새는 인간이 하늘나라에서 영원한 쉼에 이르기 전에 세상에서 준비하는 우리의 상태를 의미합니다. 신실한 사람에게 엿새는 진리가 선의 열매를 맺는 것 즉, 믿음의 상태가 사랑에서 끝맺는 것을 뜻합니다. 그러나 거짓이 악에서 끝을 보기도 합니다. 이것이 짐승의 신비한 숫자입니다."

"숫자 6 이 사람의 수 라고 하는 의미는?"

"숫자 6 은 2 와 3 을 곱함으로 생산됩니다. 둘은 선을 의미하고 셋은 진리를 의미합니다. 둘과 셋의 합작으로 생산된 여섯은 선과 진리의 결합을 표현합니다. 이것의 반대는 악과 거짓이 하나됨입니다. 종교는 선과 진리의 하나됨으로 구성됩니다. 교회와 천국도 마찬가지입니다. 선과 진리의 원리는 하나되어 인간 성품이 완전해집니다. 참된 종교는 이런 하나됨을 증진시켜 갑니다. 그러나 왜곡된 종교는 이런 하나됨을 무너뜨리고 선과 진리의 하나됨 대신에 악과 거짓의 하나됨으로 대체하려 합니다. 좀 더 구체적으로 말하자면 구원을 믿음에만 의존하고 행함을 배제하면 신성한 진리를 도덕적 교훈 정도로 만들고 결국 종교는 패망의 길로 접어듭니다. 진리의 삶이 없이 어찌 천국에 갈 수 있다는 말입니까? 진리를 실천하지 않고 어떻게 선하게 될 수 있습니까? 주님께서 내가 곧 진리라고 하셨는데, 그렇다면 진리의 내용없이 과연 구원에 이를 수 있을까요? 그러나 오늘의 종교는 이런 말을 하는 것조차 잘못이라고 여겨 행함으로 구원에 이르지 못한다고 많은 이론을 제시하고 있으니 어쩌면 좋습니까? 교회 안에 있는 사람이 선하게 되지 않는 이유는 진리를 실천하지 않아도 된다고 하니 그렇게 되는 것 아닌가요? 행함의 중요성을 떨어뜨려 구원의 조건에서 제거해 버렸으니 답답하지 않을 수가 있습니까? 결국 666 은 그렇게 말하는 자들의 구원의 교리의 품질 수준입니다."

서로 나누기

☞ **배운 것을 삶에 적용할 수 있도록 서로 나눠봅시다.**

● 숫자 666 은 무엇을 의미하는가?

● 짐승의 숫자 666은 무엇을 의미하는가?

●생각해 보기●

신앙의 확신은 구원받는데 필수 요소임은 확실합니다. 그렇다고 신앙만을 절대요소로 여기고 행함을 배제한다면 그 신앙은 거듭나지 않은 자연인 수준에 불과합니다. 이런 신앙의 확신은 야고보의 말대로 죽은 믿음입니다.

어떤 이는 구원을 주님의 공로로 돌리고, 삶의 품질과는 별 상관이 없다는 신앙 논리를 가지고 있습니다. 어떤 이는 자신은 신앙을 갖고 있으므로 구원받았다고 미리 예측합니다. 어떤 이는 진리대로 살기 위해서가 아니라 명성을 날리기 위하거나 소득의 한 수단으로 신앙을 갖고 있는 듯 보입니다. 이런 확신은 진리에서 나온 것이 아닙니다.

이들은 실지로는 주님을 찾지 않고 천국에 대해서 궁금한 것이 없고 오로지 현실에 집착해 자신의 이득에만 관심을 집중시킵니다. 이런 자들은 교리를 가지고 상대방을 설득하는데 매우 강력합니다. 목적이 탐욕스러운 만큼, 더 큰 확신을 갖고 있기 때문입니다.

1,000

“숫자 1,000 은 무엇을 의미하나요?”

“1,000 은 무한하고 풍부함을 의미하는데, 가히 수를 셀 수 없음을 의미합니다. 천 년, 이천 년은 불확실한 큰 규모의 분량, 시간의 무한함, 영원을 의미합니다(계20:1-7).”

“주 너희의 하나님은 질투하는 하나님이다... 나를 사랑하고 나의 계명을 지키는 사람에게는, 수천 대 자손에 이르기까지 한결같은 사랑을 베푼다고 했습니다(출20:5-6).”

“천은 셀 수 없음을 의미합니다. 예레미야서에서는 주님께서는 은혜는 수천 대에 이르기까지 베풀어 주시지만 조상의 죄는 반드시 자손이 치르게 하시는 분이시다고 했습니다(렘32:18). 수천은 무한을 의미합니다. 그 이유는 주님의 자비는 무한하시기 때문입니다. 시편에는 '하나님의 병거는 천천이요 만만이다. 주님께서 그 수많은 병거를 거느리시고 시내산을 떠나 그 거룩한 곳으로 오셨다고 했습니다(시68:17).' 만과 천은 셀 수 없는 것을 의미합니다. 시편에 '천이 네 옆쪽에서 쓰러질 것이고, 만이 네 오른쪽에서 쓰러질 것이다 그것은 네게 가까이 오지 못할 것이라고 했습니다(시91:7).' 여기서도 천과 만은 셀 수 없음을 의미합니다."

"사도 요한이 이런 환상을 보았습니다. 짐승이나 그 짐승 우상에게 절하지 않고 그들의 이마와 손에 그 짐승의 표를 받지 않은 사람들입니다. 그들은 살아나서, 그리스도와 함께 천 년 동안 다스렸습니다(계20:4-5)."

"상당히 어려운 구절을 말씀하셨습니다. 이 구절은 영적으로 이해하지 않으면 알 수 없는 구절입니다. 왜냐하면 그 나라는 시간이 없는 상태이기 때문입니다. 순교자는 진리의 싸움에서 죽기까지 열심을 낸 이들입니다. 숫자 천은 그들로 성숙하여 천국에 들어가기에 적합한 상태를 의미합니다. 하나님과 더불어서 천 년은 하루 같고 하루는 천 년이라고 했습니다. 영원하신 주님이 그러하듯이 영원한 세계도 그러합니다. 고정된 시간대라는 것은 없습니다."

"솔로몬이 병거와 기병을 모으니, 병거가 천사백 대, 기병이 만 이천 명에 이르렀다. 솔로몬은 그들을, 병거 주둔성과 왕이 있는 예루살렘에다가 나누어서 배치하였다. 왕 덕분에 예루살렘에는 은이 돌처럼 흔하였고, 백향목은 세펠라 평원 지대의 뽕나무만큼이나 많았다고 했습니다(왕상 10:26-27)."

"솔로몬은 평화의 왕입니다. 그의 통치 시대 때에는 외국의 침략으로 어수선해진 적이 없어 군대가 절대적으로 필요하지 않았습니다. 솔로몬 시대 때에 있었던 군대는 다윗의 시대 때에 이미 있었던 군대입니다. 솔로몬에게는 병거를 끄는 말을 두는 마굿간이 사천 간 있었고, 말이 만 이천 마리 있었습니다(왕상4:26). 말과 병거는 이해와 교리를 표현합니다. 그리고 마병은 이해력을 의미합니다. 말과 승마자에 관한 의미는 요한계시록에 등장합니다(계6:1-8). 어린 양이 일곱 인을 찍어 봉인한 책을 열었을 때 네 말과 승마자가 차례로 나왔습니다. 이 네 말들은 계속되는 시대에서 거룩한 말씀에 관한 이해를 표현했습니다. 말의 색깔과 마병의 특성은 말씀을 이해하는 품질을 말합니다. 흰색 말과 승마자는 교회의 첫번째 시대의 말씀에 관한 이해를 의미합니다. 흰색은 지적인 순수, 죄에서 자유를 상징합니다. 붉은 말과 승마자는 세상에서 평화를 거두고 서로 죽이게 하는 권한을 받아 칼이 주어졌습니다. 이는 교회에 슬픔의 시작을 묘사하고 있습니다. 의견이 갈라지고 말다툼이 일어나고 사랑이 식어갑니다. 검은 말은 말씀의 이해가 어두워지는 것을 말합니다. 진리의 자리에 오류의 어둠이 차지합니다. 그 결과 생명을 이루는 선과 진리의 원리가 밀 한 되 아니면 보리 석 되가 한 데나리온에 제공되는 것으로 표현되었습니다. 창백한 말은 마지막으로 출현한 말인데, 교회의 마지막 시기에 있는 말씀의 이해입니다. 즉 진리뿐만 아니라 사랑이 소멸된 때의 이해를 상징합니다. 그 승마자는 죽음이고 지옥이 그 뒤를 따르고 있습니다. 그리고 사람의 사분의 일은 칼과 기근과 죽음, 땅의 짐승들을 가지고 죽이는 권한이 주어졌습니다."

서로 나누기

☞ **배운 것을 삶에 적용할 수 있도록 서로 나눠봅시다.**

- 숫자 1,000 은 무엇을 의미하는가?
- 수천대 사랑을 베푸신다는 의미는?
- 천 년 동안 다스린다는 의미는?
- 네 말의 색과 마병의 특색은 무엇을 의미하는가?

●생각해 보기●

자연계에 시간이 있듯이 하늘나라에는 상태(STATE)가 있습니다. 그리고 상태의 품질은 숫자로 표현되었습니다. 숫자 1,000 은 천국에 들어가기에 적합한 상태입니다.

'첫째 부활에 참여하는 자는 천 년 동안 그리스도와 함께 왕 노릇을 할 것입니다' 는 말은 죽음이 어떤 지배도 하지 못한다는 의미입니다. 죄에서 자유로워졌으므로 죄의 결과인 죽음에서도 자유롭습니다.

첫째 부활에 참여한 자는 시간적으로 첫 번째가 아니라 주님을 사랑함을 최고의 원리로 삼은 것을 말합니다. 성경에서는 이들은 왕이라 부릅니다.

1,260

"숫자 1,260 은 무엇을 의미하나요?"

"1,260 은 3년 6개월인데, 처음부터 끝까지 가득한 상태를 의미하고, 3일과 절반, 마흔두 달, 한 때 두 때 반 때도 같은 뜻입니다."

"사도요한이 이런 환상을 보았습니다. 나는 지팡이와 같은 측량자 하나를 받았는데, 그 때에 이런 말씀이 내게 들려 왔습니다. 일어서서 하나님의 성전과 제단을 측량하고, 성전에서 예배하는 사람들을 세어라. 그러나 그 성전의 바깥뜰은 측량하지 말고, 내버려 두어라. 그것은 이방 사람들에게 내주었기 때문이다. 그들이 그 거룩한 도성을 마흔두 달 동안 짓밟을 것이다(계11:1-2)."

"요한은 교회 상태를 검사하라는 명령을 받았습니다. 주님의 신비한 몸이 되는 교회가 측량의 대상입니다. 측량은 평가에 그치는 게 아니라 올바른 질서로 되돌려 놓는 것까지입니다. 거룩한 측량은 에스겔서에도 언급되고 있습니다(겔 40장). 측량자는 성전과 제단과 뜰의 폭을 잽니다. 에스겔에 내려진 명령은 이스라엘 족속이 그들의 불법을 부끄러워하도록 그 패턴을 측량하는 것입니다. 요한은 새 예루살렘의 길이와 넓이, 높이를 재었습니다. 교회의 측량은 사랑과 믿음, 선행의 품질에 관한 측량입니다."

"그런데 성전 바깥 뜰은 이방인에게 내주었기 때문에 측량하지 말라고 한 의미는?"

"바깥 뜰은 기독교도가 되는 것을 중단하고 이교도가 된 것을 말합니다. 이교도의 멤버들은 더 이상 하나님의 자녀가 아니고 세상의 자녀입니다. 이방인이라는 단어에는 두 가지 의미가 있습니다. 하나는 교회 밖에 있는 이들을 말하고 다른 하나는 교회에 적개심을 품은 이들입니다. 즉, 교회에 반대되는 원리, 선에 반대되는 악, 진리에 반대하는 거짓을 가진 자입니다. 어쨌든 교회 안에도 이방인이 있습니다. 이방인에게는 황폐함이 주어집니다. 성전 바깥 뜰을 점령한 이방인들은 거룩한 성을 짓밟습니다."

"이방인들이 거룩한 도성을 발로 밟는다는 것은 무엇을 의미합니까?"

"종말에 이웃 사랑의 교리가 인간의 욕망과 자아애에 의해 짓밟힌다는 것입니다. 영원이 일시적인 것에, 하늘에 속한 것이 땅에 속한 것에, 영적인 면이 자연인의 논리에 종속되는 것을 말합니다."

☞ "마흔 두달은 무엇입니까?"

"교회에 세속의 바람이 불어와 주도권을 쥐면 영적인 모든 것은 짓밟힙니다. 그것이 마흔 두 달입니다. 마흔 두 달은 1,260일 즉, 삼년 반입니다. 이 숫자는 3 과 반 이라는 숫자로 의미가 풀립니다. 셋 그리고 반은 끝과 시작을 뜻합니다. 셋은 완성된 시기, 상태의 결말, 처방이 종료됨을 뜻합니다. 그러나 절반이 추가되면 새로운 시작을 뜻합니다. 셋하고 반은 옛 것이 끝장을 보고 새 것이 시작됨을 의미합니다."

"짐승은, 큰소리를 치며 하나님을 모독하는 말을 하는 입을 받고, 마흔 두 달 동안 권세를 받았다고 했습니다(계13:5).

“짐승의 행동은 성품과 어울립니다. 하나님을 모독하는 말을 하듯이 말씀의 진리를 뒤집어 버립니다. 이것을 성공적으로 해냈기 때문에 마흔 두 달 동안 계속하도록 세도가 주어졌습니다. 짐승이 표현하는 독단적 주장의 세도는 옛 것이 끝나고 새 것이 시작할 때까지 계속될 것임을 말해줍니다. 짐승이 세도를 가지면 하나님을 모독하기 시작했고, 하나님의 이름과 하나님의 성막을 모독했으며 하늘에 사는 자에게 욕설을 퍼부었습니다. 이 짐승이 표현한 독단적 주장은 하나님과 그분의 이름으로 의미된 것 즉, 하나님의 유일성과 신성을 부정함으로 말씀의 가르침을 뒤집고 있습니다.”

“계시록에 남자 아이를 낳은 그 여자가 한 때와 두 때와 반 때 동안 부양을 받았다고 했습니다(계12:13-14).”

“여자가 3년 반 동안 부양을 받는다는 말은 교회의 원리가 옛 것이 완전하게 끝장을 보고 새로운 처방이 실제로 시작될 때까지 진리의 교리가 보호된다는 의미입니다.”

서로 나누기

☞ 배운 것을 삶에 적용할 수 있도록 서로 나눠봅시다.

● 숫자 1,260 은 무엇을 의미하는가?

● 거룩한 도성을 마흔두 달 짓밟는다는 의미는?

● 여자가 한 때 두때 반때 부양을 받는다는 의미는?

●생각해 보기●

다니엘서에서 "모시 옷을 입고 강물 윗쪽에 서 있던 분이 두 손을 하늘로 쳐들고는 영원히 살아 계시는 이를 두고 맹세하는 말이 들렸다. 한 때, 두 때하고 반 때가 지나 거룩한 백성의 군대를 부순 자가 죽으면 모든 일이 끝날 것이다(단12:7)."

"한 사람이 모시옷을 입고 순금 띠를 띠고 있었다. 몸은 감람석 같았고 얼굴은 번갯불처럼 빛났으며 눈은 등불 같았고 팔다리는 놋쇠처럼 윤이 났으며 음성은 뭇 사람이 아우성치는 것 같았다(단10:6)."

한 사람은 말씀 측면에서의 주님, 신성한 진리를 표현하고 있습니다.

다니엘이 환상 중에 본 한 사람은 요한이 본 인자 (1:13-15)와 비슷합니다. 요한이 보게된 천사는 인성 안에 계신 주님의 모습입니다.

10,000

“숫자 10,000 은 무슨 의미입니까?”

“1,000 이 무한의 숫자라고 했는데, 이보다 더 많은 것이 10,000 입니다. 이보다 더 많은 것은 천 만이라고 합니다.”

“보좌와 생물들과 장로들을 둘러선 천사의 음성이 있으니 그 수가 만만이요 천천이라고 했습니다(계5:11).”

“하늘의 질서가 펼쳐진 광경입니다. 만만, 천천의 천사들이 생물과 원로들의 바깥 쪽에서 둥그렇게 원을 형성하고 있습니다. 천사들의 숫자는 '천천, 만만' 이라고 했는데, 숫자는 양이 아니라 질을 의미합니다. 따라서 천사들의 숫자는 그들의 성품을 의미합니다. 고로 천천은 선을 의미하고 만만은 진리를 의미합니다.”

"왜 큰 숫자는 진리이고 작은 숫자는 선으로 말하나요?"

"진리를 수단으로 선이 생산되기 때문입니다."

"사도 요한은 환상 중에 마병의 수는 이만 만이니 그들의 수를 들었다고 말했습니다(계9:16)."

"마병의 수효가 이 억이나 된다는 것입니다. 말을 탄 기마병은 추론을 의미합니다. 말은 뱀의 꼬리를 가졌습니다. 뱀은 감각적 추론 즉, 거짓 원리를 의미합니다. 이 군대는 사람을 해칠 뿐 아니라 죽이는 능력까지 지녔습니다. 추론을 확증하게 되면 진리는 살육 당합니다. 결국 추론은 인간 마음을 파괴하는 결과를 초래합니다."

"숫자가 이 억이나 되는군요."

"수효가 이 억입니다. 이 억은 악과 거짓의 결합을 의미합니다. 대단히 규모가 큰 숫자의 군대는 파괴를 위해 준비되었습니다. 주님은 질서 가운데 천국의 진리를 배치하십니다. 진리는 천국의 군대입니다. 사도 요한이 기마병의 수효를 알았듯이 주님께서 자기들을 공략하려는 거짓이 무엇인지, 얼마나 능란하게 전투 배열을 갖추었는지 알게 해주십니다."

서로 나누기

☞ **배운 것을 삶에 적용할 수 있도록 서로 나눠봅시다.**

● 숫자 10,000 은 무엇을 의미하는가?

● 천천과 만만의 의미는?

● 마병대의 숫자 이만만은 무슨 의미인가?

●생각해 보기●

인간은 유한하고 불완전한 본성을 가지고 있지만, 천국에 들어가려면 선과 진리의 결합을 이루어야 합니다. 이것이 기독인의 의무 사항입니다.

확실한 것은 선이 진리와 하나됨이 없이는 진정한 선은 존재하지 못합니다. 선행이라는 행동이 진리의 법칙에 지휘 받지 않는다면, 그것은 천국에서 인정될 수 있는 선이 아닙니다.

선함이 순수한 진리와 하나되지 못했기 때문입니다. 선이 진리를 높이 평가할 때 진리는 선을 순수하게 만듭니다. 진리 없는 선은 마치 과부의 신세나 다름없고 성경에 과부는 진리가 없는 환난을 의미합니다. 환난과 궁핍은 진리가 없음을 표현합니다. 따라서 우리는 애정과 생각을 살펴보고, 또 사랑과 믿음을 관찰함으로 선과 진리가 결합이 되어 있는지를 살펴야 합니다.

144,000

"숫자 144,000 은 무엇을 의미하나요?"

"144,000은 12×12,000 으로 이루어져 있습니다. 숫자 144 는 12×12 입니다. 12 는 다양한 진리를 의미하고, 행함이 있는 믿음을 의미합니다. 1,000 은 무한을 의미하므로, 십사만 사천은 행함 있는 믿음 혹은 선과 결합된 진리가 무한한 상태를 의미합니다."

"사도 요한은 이런 광경을 목격하였습니다. 내가 보니, 어린 양이 시온 산에 서 있었습니다. 그 어린 양과 함께 십사만 사천 명이 서 있었는데, 그들의 이마에는 어린 양의 이름과 그의 아버지의 이름이 적혀 있었습니다. 큰 물소리와도 같고 요란한 천둥소리와도 같은 소리가 하늘로부터 울려오는 것을 들었습니다. 또 그 소리는 하프를 켜는 사람들의 하프 소리처럼 들렸습니다. 그 십사 만 사천 명은 보좌와 네 생물과 원로들 앞에서 새로운 노래를 부르고 있었습니다. 그러나 그 노래는 땅으로부터 구출된 십사 만 사천 명 외에는 아무도 배울 수 없었습니다. 그들은 여자들과 더불어 몸을 더럽힌 일이 없는 정절을 지킨 사람들입니다. 그들은 어린 양이 가는 곳이면 어디든지 따라다니는 사람들입니다. 그들은 사람들 가운데서 하나님과 어린 양에게 드리는 첫 열매로서 구원을 받았습니다. 그들의 입에서는 거짓말을 찾을 수 없고, 그들은 흠잡을 데가 없었습니다(계14:3-5)."

"어린 양과 함께 서있는 십사 만 사천 명은 이마에 도장 받은 이스라엘 지파입니다. 이들은 온 세상이 용의 지배하에 있을 때 하나님의 어린 양과 함께 시온 산에 있습니다. 하나님의 도장이 용의 권세로부터 그들을 보존해 주었기 때문입니다. 시온은 사랑 측면의 교회를 뜻합니다. 시온 산 위에서 어린 양과 함께 출현한 이들은 사랑으로부터 진리를 인정하는 이들입니다. 즉, 인성을 갖고 계신 주님만이 하나님이심을 인정하는 자들입니다. 사랑에 관한 그들의 상태는 그들

이마에 적힌 아버지의 이름으로 묘사됩니다. 아버지는 사랑을 의미하는 신성의 이름입니다. 마음 판에 그분의 사랑이 새겨질 때 이마에 이름이 적혀집니다."

"아! 어린양과 함께 시온 산에 서있는 십사 만 사천 명은 악에서 구출된 자들이군요. 인간 세상은 언제나 선과 악의 싸움이 존재합니다. 마음 속에 선과 악의 두 세력이 싸움을 벌입니다."

"잘 보셨습니다. 선과 악의 싸움은 쉴 새없이 진행됩니다. 에덴 동산에서 뱀이 이브의 유혹자로 나타났던 때로부터 그 뱀이 불 못에 던져지기까지 선과 악, 빛과 어둠 사이에는 언제나 싸움이 있습니다. 하나님과 자아, 천국과 세상, 이성과 감각, 영과 물질은 마치 행성이 궤도를 지키듯 생명과 빛의 중심 주위를 돌면서 균형을 유지하고 있습니다."

"그렇군요. 두 개의 팽팽한 세력이 우리를 가운데 두고서 주도권 싸움을 벌이고 있군요."

"그렇습니다. 우주의 모든 것은 능동적인 힘과 수동적인 힘으로 구성됩니다. 즉, 작용과 반작용을 합니다. 우주에서 능동적 힘은 하나 밖에 없는데, 곧 하나님이십니다. 소위 자연의 힘은 하나님의 힘이 활동한 것밖에 더는 아닙니다. 모든 힘이 하나님으로부터 오는데, 거기에는 반작용이 있습니다. 그래서 반작용에는 질서에 일치할 수도 있고 또 반대될 수도 있습니다. 다시 말해서 질서에 맞는 행동은 하나님의 힘과 함께 일하는 것이고 비질서적인 행동은 그분을 거스르는 것입니다. 자연은 비질서적인 행동을 할 수 없습니다. 그러나 유독 인간은 비질서적 행동을 하는데, 그 이유는 인간에게는 자유의지(free will)가 있기 때문입니다. 우리는 하나님 안에서 숨 쉬고 살아갑니다. 하지만 그럼에도 불구하고 우리의 삶과 행동은 그분과 반대되게 행동할 수 있습니다."

"그렇다면 십사만 사천 명은 하나님의 질서에 맞게 살았던 사람들이군요."

"잘 보셨습니다. 계시록12장에는 질서에 반대되는 세력이 등장합니다. 태양으로 옷 입은 여인이 낳는 사내아이를 삼키려고 기다리는 용이 등장합니다. 이 용은 여인까지 삼키려 시도했지만 실패하자 그 여인의 남은 후손을 추격합니다. 용과 짐승은 어린 양의 생명의 책에 기록되지 않은 땅 위에 사는 사람들에게 권세를 휘두릅니다. 그러나 질서에 일치하는 십사만 사천 명은 어린 양과 함께 서 있고 이마에는 아버지의 이름이 적혀져 있습니다. 하나님의 도장은 용의 유혹으로부터 그들을 보존해 주었습니다. 지금 온 땅이 용의 지배하에 있을 때 질서에 맞게 살아갔던 영혼들은 하나님의 어린 양과 함께 시온 산에 출현한 것입니다. 시온은 사랑 측면의 교회를 의미합니다."

"십사만 사천 명이 노래를 부르는데 큰 물소리와 천둥소리와 같고 또 하프 소리처럼 들렸다고 했습니다."

"주님께서 첫 강림 때 양을 치던 목자들이 천사들의 노래를 기억하시나요? 십사만 사천인은 주님의 두 번째 강림을 노래하고 있습니다. 악과 거짓의 세력을 꺾고 신실한 자를 해방시킨 주님의 승리를 기뻐합니다. 그들의 소리는 많은 물소리와 같았는데 이는 풍성한 진리를 상징합니다. 그리고 천둥소리와도 같았는데 이는 선을 상징합니다. 음악은 애정의 언어입니다. 하프를 연주하는 하프 연주자의 소리입니다. 줄로 된 악기는 진리를 목적으로 하는 애정을 뜻합니다. 소리는 선을 목적 하는 애정을 뜻합니다. 천사가 새로운 노래를 불렀지만 노래의 주제가 무엇인지는 언급되지 않았습니다. 이 노래가 시온산 위에 서있는 구속된 이들과 천사라고 짐작할 수 있습니다. 이 노래는 다른 이는 배울 수 없습니다. 오직 이마에 도장을 받은 이들만 배우게 되었습니다."

"십사만 사천인은 어떤 자들인가요?"

"그들은 여자들과 더불어 몸을 더럽힌 일이 없는 처녀들입니다. 그들은 어린 양이 가는 곳이면 어디든지 따라 다닙니다. 그들은 하나님과 어린 양에게 바쳐진 첫 열매입니다. 그들의 입에서는 거짓말을 찾아볼 수 없었고 아무런 흠도 없는 사람들이라고 하였습니다. 처녀는 결혼을 해야 완전에 도달합니다. 처녀가 신부, 아내가 되는 것은 계시록의 극치입니다. 그들이 여자로 더불어 더럽히지 않았다는 말은 악과 거짓으로부터 자신을 보존했던 자를 두고 말합니다."

"아! 신앙의 정절을 지켰다는 말이군요."

"네, 다시 말해서 세상으로부터 더러운 오점이 묻지 않도록 자신을 관리한 자들입니다. 어린 양이 가는 곳은 어디든지 따라간다는 말은 주님을 자기의 구세주로 인정한다는 뜻입니다. 이마에 도장 받은 자는 이런 태도를 갖습니다. 바로 이들이 새 천국과 새 교회를 형성합니다."

"주님의 인도를 받는다는 말이군요."

"네, 주님은 창조자요 구속자가 되십니다. 믿음과 사랑을 가지고 따라가고자 하면 주님은 그분께서 걸어가셨던 방법으로 신실한 자를 인도하십니다. 죄악된 세상에서 그분을 따르기가 힘들고 어렵더라도 인내를 가지고 신실하게 따라가면 천국의 완전과 행복이 펼쳐지는 세계로 주님이 인도하십니다. 이런 자들이 바로 주님께서 구출하신 자들입니다."

"아! 정말 악마의 세력으로부터 해방되기 원합니다."

"정말로 그렇게 되기를 원하십니까? 주님의 영이 그 일을 하십니다. 주님은 각 개인에 대해 역사하십니다. 그래서 각자는 악과 거짓으로부터 해방되고, 선과 진리를 선물로 받습니다. 지혜로운 처녀는 환희의 소리로 이렇게 외칩니다. '보라, 신랑이 온다. 나가서 그분을 맞이하자!' 진정 주님을 기다리는 이들은 하나님과 어린 양의 첫 열매입니다. 첫 열매는 거듭남의 시작을 알리는 전조 증상입니다."

"아! 저는 주님을 믿기는 오래 되었지만 열매가 없습니다. 이제라도 열매를 수확하기를 원합니다."

"종교 생활을 시작한다고 첫 열매가 맺는 것은 아닙니다.

어떤 이는 교회 처음 나온 이를 두고 구원받았느니 하면서 열매를 거둔 것처럼 말하는데, 그렇지 않습니다. 열매는 익은 곡식의 수확입니다. 곡식이 익어야 열매를 맺습니다. 밭에 씨를 심었으면 꾸준하게 돌봐주어야만 성장해서 열매를 맺습니다. 진리가 마음에 뿌려져서 뿌리를 내리면 열매를 거두게 됩니다. 이 열매는 이웃 사랑의 행위를 산출합니다."

"십사만 사천 명의 사람이 바로 그런 자들이군요."

"네, 그들은 하나님과 어린 양의 첫 열매입니다. 하나님과 어린 양은 주님의 신성과 인성을 의미합니다. 이런 사람들의 입에서는 흉악스런 말이나 교활함을 찾을 수 없습니다. 그들은 단순한 마음씨를 지녔습니다. 그래서 감출 것이 없습니다. 그들은 진리를 첫째로 삼습니다. 그들의 유일한 목표는 하나님을 섬기는 것입니다. 악과 거짓을 금함으로 세상의 더러운 것이 묻지 않도록 자기의 옷을 간직합니다. 그러기 때문에 그들은 부끄럽지 않게 천국에 등장합니다. 시편에 여호와께서 잘못을 묻지 않고 마음에 거짓이 없는 자는 복되다고 했습니다(시32:2)."

서로 나누기

☞ **배운 것을 삶에 적용할 수 있도록 서로 나눠봅시다.**

● 숫자 144,000 은 무엇을 의미하는가?

● 어린 양과 함께 시온 산에 서 있는 십사 만 사천 인은 어떤 자들인가?

●생각해 보기●

"여자들과 더불어 몸을 더럽힌 일이 없는 사람들"은 어떤 자입니까? 언뜻 이 구절을 들으면 이교도 성전의 여자들이나 카톨릭의 수녀를 생각나게 합니다. 어쨌든 둘 다 종교적 오류의 산물입니다. 처녀는 제 아무리 순결하다고 해도 결혼한 여자보다 덜 완전합니다. 처녀는 결혼할 수 있지만 아직 결혼에 진입한 것은 아닙니다.

여자로 더불어 더럽히지 않았다는 말은 악과 거짓에서 자신을 보존했던 이들입니다. 다시 말해 세상으로부터 오점이 튀어 묻지 않게 자신을 관리한 이들입니다.

이는 주님을 자기의 하나님이요 구세주로 인정한다는 뜻입니다. 이들이 새 천국과 새 교회를 형성합니다. 즉, 믿음과 사랑과 생활로 주님을 따라가는 자들입니다. 주님께서 이 땅에서 사셨던 원리를 따라가는 자들입니다.